Tempo dos Tempos

Tempo dos Tempos

Organizado por

Marcio Doctors

Textos de

Marcio Tavares d'Amaral
Luiz Alberto Oliveira
Paulo Vaz
Gerd Bornheim
Henrique Antoun
James Bastos Arêas
Mauricio Lissovsky
Helio Jaguaribe

Jorge Zahar Editor
Rio de Janeiro

Fundação Eva Klabin Rapaport
Av. Epitácio Pessoa 2480, 22471-001 Rio de Janeiro, RJ
Tel. fax: (21) 2523-3471
e-mail: cultura@evaklabin.org.br

Jorge Zahar Editor
rua México 31 sobreloja
20031-144 Rio de Janeiro, RJ
tel.: (21) 2240-0226 / fax: (21) 2262-5123
e-mail: jze@zahar.com.br
site: www.zahar.com.br

O artigo de Helio Jaguaribe incluído neste volume é uma versão revista de ensaio publicado no livro *Brasil, homem e mundo. Reflexão na virada do século* (Topbooks, 2000), cuja reprodução foi gentilmente autorizada pela editora.

Capa: Sérgio Campante

CIP-Brasil. Catalogação-na-fonte
Sindicato Nacional dos Editores de Livros, RJ.

T28 Tempo dos tempos / organizado por Marcio Doctors; textos de Marcio Tavares d'Amaral... [et al.]. — Rio de Janeiro: Jorge Zahar Ed., 2003

Ciclo de conferências organizado pela Fundação Eva Klabin Rapaport, em 2000
ISBN 85-7110-733-5

1. Tempo. 2. Espaço e tempo. I. Doctors, Marcio.

CDD 115
03-1345 CDU 115

Sumário

Apresentação

Quando penso no tempo, entre os vários tempos, entre todos os tempos, só um tempo é possível: aquele entre o começo e o fim, entre o nascimento e a morte, que se reveste de múltiplos tempos, que, como um templo, acolhe a vida. E é a partir desse tempo de acolhimento da vida que se desenha a possibilidade de compreensão da própria vida, que é antes de tudo tempo.

O mistério do tempo está em sua associação direta com a matéria, na ação de mudança que é capaz de imprimir sobre ela, modificando-a e reordenando as relações espaciais. Percebemos hoje que, antes de ser espaço, o Universo é tempo. Isso significa dizer que a forma material é atravessada pelo tempo, que ele garante a plasticidade da matéria, moldando o espaço. Regido pela mudança, o tempo constitui a potência do "entre", ele é "em passagem", manifestando-se nos interstícios da matéria, na passagem entre uma forma e outra. O espaço, então, passa a ser visto como matéria informada, e a forma é percebida como expressão cinemática da ação do tempo sobre a matéria. E a vida, como percepção das potências do tempo, é mudança.

A liberação crescente do tempo das amarras do espaço foi desfazendo a segurança original que tínhamos com a dualidade tempo-espaço. A garantia que o espaço nos dava como o lugar onde poderíamos ter alguma forma de estabilidade e balizamento foi cedendo lugar a uma sensação crescente de insegurança, à medida que fomos imprimindo velocidade ao tempo, pela associação da tecnologia à informação e aos meios de comunicação e transporte. Velocidade, comunicação e informação foram como que desmaterializando o espaço e gerando a ansiedade de estarmos vivendo em um mundo descarnado, dominado pela premência do tempo e sem tempo para nada. O esvaziamento da presença física das coisas e o domínio do mundo pela imagem — uma vez que o espaço passa a ser visto como matéria informada — foram gerando um sentimento de solidão e ostracismo cuja conseqüência foi o apartamento humano da paisagem do mundo.

Isolado, cúmplice de um tempo que perdeu sua relação com os movimentos da natureza e prisioneiro de um tempo cuja velocidade o corpo é incapaz de suportar, o homem contemporâneo gerou uma exterioridade de si mesmo que acabou por fazer emergir uma necessidade de estruturas mais estáveis que apaziguassem esse conflito. Daí surgiram dois movimentos que se ajustam a essa nova necessidade: o equilíbrio do meio ambiente e a museologização do mundo, que passaram a traduzir o desejo de uma relação com uma realidade material mais palpável, que conseguisse reequilibrar essa "falta" inaugurada pela realidade imaterial do mundo digital.

O que interessou à Fundação Eva Klabin Rapaport quando, no segundo semestre de 2000, realizou um ciclo de conferências sobre o tempo foi — para além da obviedade implícita que a idéia de mudança de século e milênio induzia — o significado especial que o tempo tem para uma instituição museológica que é uma casa-museu. Isso significa dizer que, aqui, estamos revestidos por duas camadas de tempo. A primeira é o *tempo do museu*, a segunda é o *tempo da casa*.

Quando, por meio de um exercício da consciência, deslocamos um objeto de seu meio original e o inserimos em uma outra ordem, o que estamos criando é uma suspensão do tempo e um deslocamento de sentido. É isso que um museu faz. Este é o tempo próprio do museu. Ele aprisiona o objeto em sua temporalidade e nos devolve a possibilidade de convivermos com um tempo que já não existe mais.

Mas atenção! Não estamos nos referindo aqui a uma visão de museu como entretenimento, mas ao conceito operacional da idéia de museu. Então, esse impulso que temos hoje de preservação do passado e até mesmo de nossa atualidade insere-se nesta idéia de não deixar o tempo escapar e levar com ele a materialidade do mundo. Os museus, hoje, são como o depósito do mundo material que corre o risco de desaparecer diante da virtualidade do mundo contemporâneo. Daí sua crescente importância de significado para nós. Em suma, parafraseando Cézanne, podemos dizer que os museus têm a função de reter a materialidade do mundo antes que ela nos escape.

Essa operação da consciência fica ainda mais intensa quando se trata de uma casa-museu. Por quê? Porque, ao se conservar uma casa como museu, o que se está conservando é, para além dos objetos em si que constituem a coleção, o espírito de uma época e a idéia de museu em si. Este é o caso da Fundação Eva Klabin Rapaport. Ou, ainda, para que a idéia fique mais evidente, citamos Ulpiano Bezerra de Menezes, que nos *Anais do IV Seminário sobre Museus-Casas,* nos conta a história de duas irmãs solteironas, as irmãs Comte, que,

> ... desejosas de inventar um museu que ainda não existia, o "museu do museu" (isto é, o museu da idéia de museu), deixaram sua casa e doaram-na à municipalidade com todos os seus pertences, para se transformar num museu. Não houve, portanto, alteração nenhuma da casa. Mas sem nenhuma alteração física, e só conceitual, a casa deixou de ser casa. Tal qual sempre fora, transformou-se agora em museu.[1]

É exatamente isto que ocorre na Fundação Eva Klabin Rapaport. O que temos aqui é um tempo encapsulado na sua dimensão mais cotidiana, o tempo da vida doméstica e privada de Eva Klabin Rapaport. O seu ato de vontade final deslocou o conceito desta casa, que deixou de ser um espaço de habitação para ser um espaço de representação do espírito de uma época.

Por isso a curadoria da Fundação se viu mobilizada pela questão do tempo na passagem do milênio. Nossa instituição é um exemplo palpável do que significa esse desejo de conservar um tempo e fazê-lo conviver com a multiplicidade de tempos da atualidade. Em outras palavras, aqui foi acolhido o tempo da vida, aqui há a possibilidade de se entrar em contato com uma temporalidade específica, circunscrita no tempo e limitada a uma existência. Em vez de um museu enciclopédico nos moldes do Iluminismo, que atravessa a grande massa do tempo histórico, o que encontramos na Fundação Eva Klabin Rapaport é um museu do tempo da micro-história, onde o visitante pode entrar em contato com a realidade de uma existência que aciona sua memória individual, sua imaginação e fantasia.

A casa-museu abre a possibilidade de criarmos um painel da realidade do tempo histórico de uma nação e da identidade de uma cultura a partir de um conjunto que as diferentes casas-museu podem compor. Ao lado de um museu de colecionador, como é a Fundação Eva Klabin Rapaport, podemos ter uma casa-museu como a de mestre Vitalino, em Caruaru, ou a de Santos-Dumont, em Petrópolis; ou a Casa de Rui Barbosa e a Fundação Museus Castro Maya, no Rio de Janeiro; ou a Fundação Maria Luiza e Oscar Americano e a Fundação Emma Gordon Klabin, em São Paulo; ou o Museu Imperial, em Petropólis, e o Carlos Costa Pinto, em Salvador, para citar apenas algumas instituições, à parte as inúmeras casas de artistas, políticos e personalidades atuantes na vida nacional.

Enfim, esse é um conjunto que permite a construção de uma identidade a partir da diversidade e dos contrastes que naturalmente vão surgindo pelas comparações possíveis. A casa de um inventor como Santos-Dumont revela a simplicidade e o pragmatismo de um homem de espírito moderno, assim como a casa de mestre Vitalino revela a precariedade da vida de um artista popular; ou a casa de Castro Maya, o espírito de um homem requintado e antenado com seu próprio tempo. A riqueza que é possível depreender desse conjunto traz à superfície a consciência de que a cultura é composta pela multiplicidade de tempos de vida dos personagens que constituem as diferentes casas-museu. São as experiências de existências singulares que encontramos concentradas nas casas-museu que podem definir o espírito do tempo de uma época.

Motivados por essa visão de que o tempo é a matéria-prima da casa-museu, a Fundação Eva Klabin Rapaport organizou em 2000 o ciclo de conferências Tempo dos Tempos, convidando pessoas que pudessem gerar uma reflexão ampla sobre esse tema: Helio Jaguaribe, presidente da Fundação Eva Klabin Rapaport, com sua enorme capacidade de síntese, fez um brilhante percurso pela história do tempo, chegando aos dias de hoje e resumindo de maneira pontual a angústia do homem contemporâneo diante do seu tempo presente, ao escrever:

> No curso que está seguindo, a continuarem a aceleração da história e de um progresso que consiste em contínuas mudanças para que as coisas permaneçam as mesmas, o mundo contemporâneo se defronta com o esvaziamento de seu presente e com a perspectiva do colapso de seu futuro. A irrelevância de hoje, como futuro de ontem, prenuncia a irrelevância dos futuros amanhãs (p.164)

Luiz Alberto de Oliveira apresenta uma história do tempo do ponto de vista da ciência, elucidando de maneira precisa como foram sendo tecidas as relações entre o homem e seu meio na constituição da objetificação do mundo e seus desdobramentos na relação espaço-temporal. Introduz-nos em um mundo de tênues fronteiras, no qual o espaço se faz tempo, e o tempo, espaço. Pela ciência, libera o poético; pela poesia, faz filosofia. Ao juntar ciência, arte e filosofia, Luiz Alberto de Oliveira retoma a origem do pensamento e nos fortifica, no sentido de que há algo de libertário em suas convicções. A riqueza de seu pensamento está na clareza e na simplicidade.

Sendo a temática do tempo fundamentalmente filosófica, o sempre lúcido e lúdico Gerd Bornheim escreve — naquele que talvez tenha sido um de seus últimos artigos — sobre os prenúncios da concepção de tempo. Remete-se aos pré-socráticos e mostra que, na origem do pensamento sobre o tempo, está a questão do movimento, que é sobretudo dialética. Entre Heráclito e Zenão, entre o que escoa e o que fica parado, entre o movimento e a retenção, a racionalidade descobre os opostos e passa a tecer a trama do mundo entre o que é e o que não é, o que muda e o que permanece. Do movimento nasce a dialética e, com ela, as nuances que o pensamento vai assumindo ao longo da história da filosofia.

Dos pré-socráticos passamos a Nietzsche e Bergson, dois filósofos que recuperam a vitalidade do pensamento e apresentam de maneira simples e direta uma forma de pensar e construir a atualidade. Henrique Antoun — de modo combativo — e James Bastos Arêas — pedagogicamente — buscam reinstaurar a dimensão de uma metafísica da imanência, ao introduzir brilhantemente o pensamento desses dois filósofos e ao evidenciar que muitas de nossas percepções da realidade têm origem na estrutura de seus pensamentos; assim como muitas de nossas indagações e perplexidades encontram neles respostas que abrem um horizonte rico de possibilidades. Acredito que, com Nietzsche e Bergson, recuperamos uma alegria de pensar e um instrumento poderoso de construção da realidade. Eles penetram de forma tão aguda o real — que é tempo —, que seus pensamentos transformam-se, em nós, em liberdade. Isto é, instrumentalizam nossa capacidade de ação, substituindo Deus, como garantia do mundo, pelo "homem" (Nietzsche) e pelo "tempo" (Bergson), como as forças que tramam a fina teia da realidade e estabelecem a espessura metafísica do real que pode ser surpreendido na imanência das coisas.

E foi a vontade de penetrar nessa teia do tempo que a todos aprisiona que motivou Paulo Vaz e Mauricio Lissovsky a desenvolver seus temas. Em "Tempo e tecnologia", Paulo Vaz escreve que "o futuro não é mais o que costumava ser" (p.69). Demonstra como as novas tecnologias inverteram a relação do tempo, pervertendo a divisão tradicional entre passado, presente e futuro, como uma cadeia natural em que um estágio alimentava o outro. Hoje vivemos uma antecipação do futuro que passou a ser o motor do presente no lugar do passado. A capacidade — ou quem sabe a fantasia — de previsão que a tecnologia oferece substituiu o passado como determinante do presente, à medida que passamos a construir nosso presente a partir das ameaças do futuro. Por meio dessa indagação o autor engendra a idéia de uma historicidade do futuro que nos coloca diante do dilema entre Modernidade e atualidade; entre uma fé no futuro da tecnologia e a angústia de um mundo que está se desfazendo diante de nosso olhar.

Mauricio Lissovsky mergulha no momento da passagem entre os séculos XIX e XX, em que arte, ciência e tecnologia juntam-se para criar a primeira arte do tempo, a fotografia. Seu artigo busca explicitar como a fotografia moderna, "... aceitando o tempo como o invisível da imagem fotográfica, permitiu que ele a atravessasse de múltiplas maneiras" (p.144). A partir dessa idéia ele constrói uma teoria estética que demonstra como os estilos de diferentes fotógrafos estruturaram-se a partir do desejo de dar expressão a essa ausência. O tempo na fotografia seria o grande ausente-presente que os fotógrafos perseguem, tentando dar forma, por meio do instante. A partir de uma percepção da prática artística, sua tese reconstrói o instante como uma instância positiva do tempo, estabelecendo um rico diálogo de contrários com a teoria bergsoniana e indicando uma estética que não se pensa a partir do fluxo do tempo, mas de sua contração. Há algo de rico e de destemidamente provocador nessa forma de pensar.

Finalizando, Marcio Tavares d'Amaral edifica um sólido pensamento que não se intimida diante das questões desafiadoras que a virtualidade está nos colocando. Aborda o mesmo tema apresentado por Paulo Vaz, mas coloca-se totalmente despido de qualquer encanto pelos avanços da tecnologia. Em outras palavras, surpreende que "...o futuro está sempre se anunciando ao presente e, com isso, antecipando-se a ele, o que faz explodir a concepção clássica de que uma causa antecede um efeito; que, portanto, uma causa é sempre passado de um efeito, ou o efeito, visto do lado da causa, é o seu futuro" (p.20).

Essa inversão da lei da causalidade gerou uma perversão em referência ao tempo — uma antecipação do futuro — que faz com que experimentemos hoje aquilo que imaginamos que poderá vir a ser um dia. Ou seja, aquilo que era uma virtualidade passa a ter realidade, e aquilo que foi realidade um dia passa a ser virtual. É sobre isso que Marcio Tavares d'Amaral se questiona e lança um desafio, perguntando se "um humanismo de resistência ainda é possível?" (p.25).

Essa idéia de um humanismo de resistência encontra ressonância na operação conceitual que estamos imprimindo à Fundação Eva Klabin Rapaport, no sentido de que os limites de uma casa-museu acolhem a possibilidade de se pensar o tempo a partir de sua espessura de vida. Ou seja, uma casa-museu apresenta a passagem do tempo pelos seus registros materiais e de vivência. É impossível ignorar essa transitoriedade que se faz permanência. Em qualquer casa-museu houve uma moradia; uma passagem do tempo na sua densidade existencial. Na casa-museu o tempo histórico permanece, ressoa e se faz resistência. Quem sabe, até incomoda? E foi esse incômodo, as angústias e as dúvidas que ele faz emergir que nos motivaram a refletir e a convidar esses pensadores a dar forma a essa perplexidade.

Marcio Doctors
Fundação Eva Klabin Rapaport

Nota

1. Ulpiano Bezerra de Menezes, "O museu e o problema do conhecimento", in *Anais do IV Seminário sobre Museus-Casas (Pesquisa e documentação)*, Rio de Janeiro, Fundação Casa de Rui Barbosa, 2002, p.46.

Sobre tempo: considerações intempestivas

• *Marcio Tavares d'Amaral* •

Gostaria de explicar de início o título deste artigo, que rigorosamente, por ele mesmo, não diz nada. Considerações intempestivas seriam o quê? Se alguém entrasse na sala depois de uma conferência começada, e se ainda houvesse a prática de se publicarem crônicas no dia seguinte sobre as conferências pronunciadas na noite anterior, registraria o cronista que esse alguém "entrou intempestivamente na sala depois de iniciada a conferência". Em direito, quando se perde um prazo, um recurso, por exemplo, diz o juiz que não recebe o pedido, "por intempestivo". Intempestivo portanto é, numa primeira aproximação, aquilo que não está no tempo próprio, aquilo que, sendo uma manifestação, um ato, um fato que se dá no tempo, não se dá no entanto no tempo devido. Não sei se isso esclarece ou confunde ainda mais o título que propus, mas o que desejo fazer é um exercício de falar sobre o tempo a partir de um tempo indevido, ou seja, falar sobre o tempo de tal maneira que não se reconheça imediatamente que o tempo dentro do qual estou falando é o tempo sobre o qual estou falando.

Normalmente, quando se fala no tempo, estamos instalados numa duração que chamamos de presente, que podemos datar e cronometrar. Não importa se falamos sobre o presente, sobre o passado ou se especulamos sobre o futuro, não há dúvidas sobre o tempo de dentro do qual estamos falando sobre o tempo: ele é o presente.

Não vou falar sobre o tempo a partir do presente, mas a partir de uma outra inserção temporal, a que vou dar o nome de *atualidade*, diferenciando-a, quando chegar o momento oportuno, do *presente*. Quero falar sobre o tempo a partir da atualidade, e não a partir do presente, dessa datação em que nos encontramos cotidianamente e na qual desenvolvemos as nossas relações presentes, na qual nos lembramos e temos as recordações do passado, cujo futuro desejamos, antecipamos e tememos, que são todos tempos que pertencem a uma certa lógica, a uma *crono-logia*, uma lógica do tempo que se sucede, como se sucedem os efeitos às causas, como os antecedentes encadeiam-se aos conseqüentes, ao mesmo tempo que os produzem.

Essa compreensão é para nós corriqueira e necessária. Sem ela possivelmente não atenderíamos à maior parte dos nossos afazeres diários; por causa dela usamos um relógio, respeitando-a ou não, e a ela sempre nos referimos. Essa compreensão "banal" do tempo naturaliza a própria temporalidade, os regimes de temporalidade. Sabemos que o tempo sempre é uma sucessão de passado, presente e futuro; ou uma instalação no presente, no qual sempre nós estamos, e que admite necessariamente um passado sem o qual o presente não existiria. Assim, nesse sentido, o presente é efeito do passado, e o passado é o reino das causas na ordem temporal. De igual modo, daqui, do presente em que nos encontramos, somos capazes de projetar, ou seja, lançar para adiante, desejando ou temendo aquilo que, por falta de nome melhor, chamamos de futuro.

A lógica do tempo é sempre cronológica. Falar do tempo será sempre necessariamente falar do presente — e, nesse caso, pode-se ser sociólogo —, ou do passado — e, nesse caso, há de estar, quem sabe, o historiador —, ou do futuro — e possivelmente, neste caso, seremos poetas. Mas não se escapa disso.

Eu desejaria inquietar o tempo, porque ele *está* inquietado e é para nós inquietante. Não *o tempo* categoria abstrata, mas o tempo que é o nosso, este que habitamos e que não é uma planície lisa sobre a qual vamos caminhando de um passado, que são os nossos rastros, para um futuro, que é o nosso oásis. Este nosso tempo é volumoso, espesso, denso, rugoso. O tempo contemporâneo é o da eclosão das novas *tecno-logias* que mudam os corpos, que aceleram os ritmos, que criam mundos na ordem do virtual, que embaralham real e virtual, que desrealizam o real, tiram-lhe a consistência que antes era o tapete sob os nossos pés, e com isso puxam o tapete e nos derrubam, a nós, que nos considerávamos *bons sujeitos.*

Bons sujeitos quer dizer sujeitos dotados de uma interioridade que, resguardada da exterioridade em que habitam os objetos, é uma instância reflexiva, auto-reflexiva, consciente de si mesma. Nós éramos sujeitos, e bons, porque era bom ser sujeito. Ainda é, mas há quem diga que isso não existe mais, que não há mais sujeitos. Este tempo que habitamos — e que eu disse ser volumoso, espesso, rugoso, denso, um tempo que não é chato, não é simplesmente uma quarta *dimensão* do *espaço* — é agente, é *produtivo* e tem assistido há 50 anos à eclosão das tecno-logias, não simplesmente como aplicações da verdade que as ciências descobriram e que as técnicas, como seu braço ativo, atualizaram.

Quando indico 50 anos estou explicitamente me referindo às câmaras de gás e à bomba atômica. Este é o momento em que a tecno-logia se torna agente da história e começa a independer da intencionalidade humana, ou pelo menos assim ela nos é apresentada, com toda essa mítica do robô que pode prevalecer sobre o homem, por sinal não mais tão mítica assim. Não faz tanto tempo o ex-campeão mundial de xadrez foi derrotado por uma máquina, um megacomputador que tinha por trás de si uma megaorganização. Deep Blue venceu Kasparov. Eu, pessoalmente, fiquei bastante triste. Já meus colegas do Laboratório de História dos Sistemas de Pensamento deliraram com a possibilidade de que a máquina tivesse finalmente alcançado uma potência de raciocínio e articulação capaz de derrotar um homem. Sustentei e ainda sustento que esse homem não perdeu para a máquina, foi antes derrotado pela sua capacidade de demasia, de exceder-se, de irritar-se. Foi batido por ser humano, e não vencido por uma máquina mais inteligente que o homem.

Vivemos assim nessa época intensamente inquietada pelo tempo, que se tornou um mandamento: a velocidade. Hoje a velocidade é uma compulsão, tudo se tornou veloz. A substituição de alguma coisa por outra no tempo (aquilo que chamamos de "gerações") tornou-se índice do real. Seja o real tecnológico, seja pura e simplesmente o real — aquele velho real que também dizem que acabou. Pois pretende-se que o real não é mais, que agora tudo é da ordem do virtual, que o próprio virtual é que é o real.

Tudo isso para resumir esse tempo instigante e assustador que é o nosso e que curiosamente chamamos de "contemporâneo", como se pudéssemos viver num tempo que não fosse *junto conosco*, pois contemporâneo quer dizer "o mesmo tempo com". Como viver num tempo que não seja o contemporâneo? No entanto, talvez sejamos os primeiros na história da humanidade, tal como ela nos é contada pela filosofia (e vamos colocar certos limites temporais), a nos considerarmos "contemporâneos". Naturalmente todo mundo sempre foi contemporâneo. Mas, para nós, esta é uma espécie de obrigação, porque, se não formos contemporâneos, seremos modernos, e "moderno" é uma coisa que já passou. Sendo "contemporâneos", podemos ser pós-modernos. Mas que coisa quer dizer "pós-moderno"? Sabe-se que não significa moderno. E o que quer dizer "pós"? Penso sempre nos pobres pré-socráticos, que não sabiam que Sócrates iria nascer e depois foram desvalorizados na história da filosofia, porque, não sabendo, também não se comportaram como deveriam, caso soubessem.

O que é "pós-moderno"? A expressão não define absolutamente nada. No entanto, temos todos uma certa obrigação de sermos pós-modernos, ou, dito de maneira mais composta, contemporâneos. Porque o moderno *acabou* (o que não está provado, ainda resta a demonstrar). Isso ficou uma espécie de *sintoma*: essa obviedade de que só podemos e devemos viver contemporaneamente.

Essa naturalidade com que temos até aqui tomado o tempo como uma sucessão de passado, presente e futuro — ou de passado e presente, porque sempre o futuro se anuncia como o presente que faz do antigo presente um passado, e do antigo passado, um mais-que-perfeito — está inquietada pelo tempo agente, ativo, produtivo, vetorizado para o novo, para a obrigação da novidade, esse tempo que é o nosso. Portanto, talvez valha a pena fazer algumas considerações sobre o tempo *saindo* desse território da naturalização no qual nós somos forçados a dizer: *há* tempo, *houve* tempo e *haverá* tempo.

Quando digo *há*, refiro-me ao presente; quando digo *houve*, ao passado; e quando digo *haverá* refiro-me ao futuro, e é assim mesmo, porque o tempo, dizem-nos, é só isso. Ora, a nossa contemporaneidade, essa curiosa compulsão de ter um tempo próprio, diferente de todos os demais, e de definir-se por essa propriedade inquietada, desconhece, invalida, ignora a naturalidade com que até agora íamos vivendo as nossas vidas entre infância, adolescência, maturidade e as outras fases menos heróicas.

Gostaria de tomar essa espécie de sintoma, essa *obrigação* de ser contemporâneo, e tentar recusar essa obrigação, tornar-me em relação a ela extemporâneo, ou seja, intempestivo. Este é o sentido do título deste artigo.

Vamos começar pensando no que pode ter representado aquilo que há pouco indiquei como sendo o começo de uma nova época, da época da tecno-logia. Peço que não se confunda este termo com um simples conjunto de técnicas. Caberia uma pequena pausa entre os dois núcleos da palavra: tecno-logia. A palavra é formada por dois radicais que, durante 2.500 anos, mais ou menos, quando andavam juntos — e sempre andaram juntos —, apresentaram-se num regime de subordinação.

Uma coisa de grande dignidade é o logos, este que aparece na palavra tecno-logia em segundo lugar, no segmento "logia". O logos é a força de reunião de tudo que se apresenta, que se põe numa presença, reunião tal que permite que se dê ao que se apresenta um nome e, no ato de nomeá-lo, se capture a sua essência. O logos era, no pensamento grego, que ainda vai sendo a nossa referência arquiclássica, a própria sede da verdade. Ele e todas as suas "logias" — antropologia, psicologia, ecologia, ou outra qualquer — sempre significaram o conhecimento verdadeiro: da psique, do *óikos* (quer dizer, da habitação humana), do homem, ou o que for. Logos é o lugar, é a força da verdade que se produz na possibilidade que a palavra precisamente expressa, de impedir a dispersão de tudo que se apresenta como múltiplo e variável, reunindo, trazendo para a presença e mantendo presente essa dispersão e, na presença, dizendo "É isto". Dar um nome significa reter e conservar na linguagem essa dispersão dos muitos, da multidão dos diversos que nos cercam e que compõem o cosmo, o mundo, o real.

Outra coisa é a *techné*, a capacidade humana de, segundo um plano, produzir algo que não estava presente, ou seja, pôr na presença o que nela não estava anteriormente nem presente nem ausente, algo que não havia, que era preciso produzir, *producere*. Esse *ducere*, do qual veio *duque*, o *duce* do fascismo e o *aqueduto*, quer dizer *conduzir*. E *pro* significa trazer de outro lugar para cá. Conduzir, trazer para cá o que aqui não estava, portanto *criar*. A *techné* é o ato propriamente humano da criação de algo que, antes desse ato, não existia nem estava para existir. É um ato de instauração de algo que não havia. Assim, a *techné* é afetada por uma certa relatividade. É necessário haver uma matéria, uma forma imaginada por um agente que é o transformador da matéria segundo a forma e segundo uma finalidade, que é o projeto. A longa tradição que vem da Grécia até hoje, e que constituiu nossas filosofias, ciências, artes morais, religiões e direito, sempre submeteu a *techné*, como ato humano, ao logos, essa espécie de força cósmica que o homem encarna, uma capacidade que é mais que humana de reunir toda dispersão num nome. No *Gênesis*, o primeiro livro da Bíblia, Deus pede ao homem que nomeie as coisas. O ato de nomeação é, pois, uma delegação divina, e só é possível porque todo o existente estava previamente reunido naquele Jardim, passível de ser visto e dito.

A emergência da tecno-logia significa que aquilo que durante 2.500 anos vigorou num sistema hierárquico em que a *techné*, a ação, a prática e o fazer estiveram constantemente submetidos ao saber, ao conhecimento, à verdade e à especulação — e isso foi repetidamente ensinado desde Aristóteles, e estamos falando do século IV, do século III a.C. para cá, o que é muito tempo — era uma *questão*, e não uma *evidência*, precisava ser defendido a todo momento. Mas a todo momento a resposta era a mesma: entre a vida prática e a teórica, entre a vida ativa e a especulativa, esta última é mais importante, porque é na especulação que se encontra a verdade. Na ação, na prática, aplica-se a verdade que se conhece, mas não se formula a verdade. A ação e a teoria, a verdade e a prática são de ordens diferentes. Há entre elas uma hierarquia.

A emergência da tecno-logia destruiu essa hierarquia. A tecno-logia concebida como o grande acontecimento fundador da cultura contemporânea é um modo de compreensão do mundo que é simultaneamente o movimento da sua transformação. O mundo só se compreende à proporção que está em processo de mudança: a prática e a teoria, a verdade e a ação, o conhecimento e a técnica condicionam-se reciprocamente de tal maneira, que são os progressos técnicos que tornam possíveis os avanços científicos; e são concepções científicas que exigem certos desenvolvimentos técnicos; tudo se enquadrando num só grande movimento de compreensão e transformação do mundo, regido por uma outra lógica, que não mais a da anterioridade da verdade em relação à transformação, ou a da teoria em relação à prática. Trata-se da lógica da simultaneidade, do fazer que conhece e do conhecimento que transforma.

Essa emergência da tecno-logia, essa novidade, representa uma fusão a frio de duas entidades que durante 2.500 anos andaram se estranhando, de modo que era preciso constantemente repetir o movimento ortopédico de colocar a prática a serviço da teoria, a ação a serviço da reflexão, sem o que a prática se tornava cega, e a ação se punha violenta ou louca. Daí todos esses sistemas de exclusão que inventamos para enquadrar a prática, a ação, e evitar, pela verdade, sua desmesura incontinente. Um desses sistemas de controle foi o da *causalidade*, que faz repousar o verdadeiro no *passado*, no já constituído, do qual as causas *pro-vêm*.

Um dos efeitos do advento da tecno-logia, dessa independência do fazer, foi a compreensão do *futuro* como um tempo verdadeiro. Antes podíamos discutir se o futuro existe como tempo, uma vez que ele ainda não é; ou, se é, é como projeto do presente. Agora, não. Por efeito da aceleração tecnológica, o futuro se libera da causalidade linear e torna-se o maior *valor*. O que verdadeiramente vale ainda não veio, mas já está chegando. O que vale está sempre em anúncio. Para a presença, o futuro está sempre se anunciando ao presente e, com isso, antecipando-se a ele, o que faz explodir a concepção clássica de que uma causa antecede um efeito; que, portanto, uma causa é sempre passado de um efeito, ou o efeito, visto do lado da causa, é o seu futuro.

Agora descobriu-se que o câncer de mama é produzido por um oncogene detectável. Há um caso interessante relatado na literatura médica norte-americana. Uma moça de 19 anos observou que havia na sua família uma incidência razoável de pessoas com câncer de mama; era muito alta a probabilidade de que ela própria também tivesse câncer, perto dos 40 anos de idade. A *probabilidade*, que é da ordem do virtual, apareceu aí como *real*, e em função dessa virtualidade, um câncer de mama futuro que ainda não existe e poderia nunca existir antecipou-se ao presente; determinou-se no presente o ato real da mastectomia, que a moça fez aos 19 anos, transformando com isso o futuro. Câncer de mama ela não terá, e também não tem mais seios. Isso que pode ser considerado uma patologia é uma história, e é verdadeira.

A patologia, contudo, afeta toda a nossa cultura. Quando, por exemplo, se ouve no telejornal que a bolsa Nasdaq fechou em tanto, se formos verificar o que isso quer dizer, aprendemos mais ou menos o seguinte: uma bolsa em que estão representadas empresas de alta tecnologia — essa tecno-logia a que me refiro aqui — recebeu uma emissão de sinais de probabilidade de futuro. Em função dessa avaliação, produziram-se efeitos de presente. Tais efeitos que fazem uma bolsa cair ou subir e têm reflexos imediatos no presente *real* das pessoas são determinados por uma ordem virtual. Isso é o que distingue a chamada velha economia da economia nova, que é virtual. E o quc virtual significa? Que é possível virtualmente apostar contra um país, que a nossa moeda, o real, vai se desestabilizar, com um pequeno investimento é possível alavancar a moeda, apostando o futuro. Aposta-se que vai acontecer uma determinada coisa, por exemplo, que o real vai se desestabilizar, e o sinal emitido por essa aposta ameaça de fato a estabilidade. Nao é a economia verdadeira que faz desmoronar o real, mas uma aposta. Esse ato gera no presente a desestabilização, realizando um futuro que era estritamente virtual, uma aposta de *especulação*.

Essa lógica temporal é mais do que o boato, que não tem responsabilidade. Aqui, trata-se de uma outra instância de realidade, a virtual, que diz: o futuro existe e no futuro as coisas sc passarão dc tal mancira; isso produz um efeito sobre o presente, provando que, no futuro, as coisas realmente se passariam desse modo. Na verdade, não se prova nada, mas é assim que as coisas se passam. Há uma subversão da ordem de causa e efeito, da lógica clássica com a qual estávamos muito bem acostumados: princípio de identidade, do terceiro excluído, da não-contradição. Pois temos de encontrar uma outra lógica muito rapidamente, ou abrir mão da lógica, o que também é possível.

Podemos inventar uma *poética* do tempo — por que não — em vez de ficarmos brincando de cronologia. O futuro está se antecipando ao presente e estourou a cronologia, na qual o passado *era* passado, o presente *é* presente, o futuro *será* futuro e em que todos eles tinham o bom gosto de só se apresentar nos seus trajes de época. Agora não é mais assim: há uma circularidade desse bloco futuro-presente que nos assola, inquieta e angustia. Há séculos, todos os dias, quando levantamos, nos olhamos no espelho e vem-nos a impressão de que temos uma identidade. E gostamos disso. Mas estão nos dizendo que essa identidade é uma ficção. Somos uma multiplicidade de possíveis abertos na ordem do virtual, entre os quais, a rigor, não somos chamados a escolher, porque a previsibilidade também está estourada. O tempo do virtual resolverá isso para nós. Pelo menos dizem que é assim.

Quanto ao presente e ao futuro, dá para entender, porque o regime tecnológico lida com essa dinâmica de presente-futuro, o futuro permanentemente se precipitando sobre o presente, capturando o presente, fazendo-se causa do presente em função de um virtual, o que é complicado de entender, mas fácil de ver acontecer. Dei dois exemplos: um da economia e outro da medicina.

E o passado? Nesse reino tecnológico, tudo vira *dispositivo*, quer dizer, engenhoca, máquina disposta na direção da produção de um *efeito* de *novidade*, de inovação. E tudo o que é dispositivo deve dar conta da sua "disposicionalidade", deve estar a todo momento assinalando: "Há um novo aqui!" As modas e os ritmos de consumo precipitam-se então sobre este novo. Pois neste reino acontece uma coisa estranha com o passado.

Como costumo dizer, não temos a sorte de dispor dos manuscritos do Mar Egeu, como dispomos dos manuscritos do Mar Morto. Tudo o que temos é citação de citação de citação, e de um tempo em que não havia as normas, notas de pé de página, remissões. Há os textos, mas não sabemos exatamente quais. Citados e recitados, séculos depois alguém diz que os autores antigos pensaram e disseram aquilo. Ainda assim acreditamos que temos ali um passado, que esse passado é uma origem e que, em função dessa origem, fluímos na direção de um futuro.

Agora, de repente, nos encontramos enguiçados entre presente e futuro, rodando no vazio. Só que este vazio que se chama virtual um dia vai se atualizar, será real, ao que dizem. Bem pode ser que o passado, hoje, esteja sendo chamado a *prestar contas de si próprio como dispositivo*. Para que serve o passado? Esta é uma pergunta que não teria muito sentido há um tempo, quando sabíamos que o passado é a causa do presente. Perguntar para que serve o passado seria mais ou menos o mesmo que perguntar para que servem os pais. Os pais servem para fazer filhos, claro. Para que servem as causas? Para produzir efeitos. O passado serve para haver presente.

Isso deixou de ser óbvio, e, hoje, os historiadores e os filósofos da história estão às voltas com questões tais como: o estudo do passado é uma espécie de compulsão à curiosidade, ou há um vínculo real entre as coisas então ocorridas e suas derivações, ou seja, entre passado e presente? Aconteceram coisas no passado? Podemos de fato dizer isso? Ou essas coisas são resultados de um recorte que certas problemáticas suscitadas pelo presente nos induzem a fa zer com a tesoura da epistemologia e da metodologia histórica, para tornar fatos significantes *como* fatos, para tornar significantes massas brutas que, sem esse recorte, não representariam coisa alguma, apenas estariam lá, numa espécie de depósito?

Esse tipo de problemática seria impensável para um historiador do século XIX. Imagino que, naquela época, os historiadores acreditavam que a história era a ciência verdadeira do passado, e que o passado era verdadeiro, ou melhor, que se podia avaliar o teor de verdade do passado. Terá acontecido de fato, ou não? Foi ele relevante para a produção de outro fato, foi causa desse outro fato? Há um encadeamento que permita conhecer verdadeiramente o que aconteceu e tirar lições para o presente? É assim que eu gosto da história. Contudo, já não é mais banal que a história seja isso, porque sobre o passado agora começamos a perguntar: para que *serve*? O que podemos tirar de lá, agenciar e "bricolar" com nossas invenções, engenhocas e caranguejolas? Essa é uma forma de conceber o passado hoje, como Sá Carneiro em seu poema "A caranguejola": "O menino dorme, tudo o mais acabou."

O passado fica à disposição, como um estoque de sentidos, de atos que podem ser convertidos em fatos para legitimar sistemas e disposições contemporâneas. Hoje o passado pode estar servindo apenas para legitimar uma determinada estrutura de poder e de relações entre presente e futuro. E, assim, o bloco futuro-presente está permanentemente produzindo passado, e não no regime cronológico, porque, no sistema tecnológico que é o nosso, o passado não dura: ele está lá virtualmente. Se precisarmos dele, chamamos. O passado não é mais aquela estrutura real e causal que determina o presente a se encaminhar para o futuro.

O futuro, que não era, agora determina o presente; o passado, que era, agora se torna virtual. Está lá, mas como quem fica entre duas dimensões. Se precisamos, temos de trazê-lo para a dimensão certa. É como se agora começássemos a fazer ficção científica para o passado. Antes ela era feita para o futuro, mas o futuro deixou de ser ficção, ele é o real do presente, e a ficção está em *imaginar* o passado, em vez de representá-lo como verdadeiro.

Essa articulação como dispositivo com o passado implica um desrespeito à diferença, pois ela achata o passado em função de necessidades do bloco futuro-presente. O passado deixa de ser uma diferença que *pro-duz*, para tornar-se um reservatório de possíveis mercadorias, das quais algumas serão consumidas, e outras não, segundo necessidades determinadas por nós no nosso presente, o qual já sabemos que, por sua vez, é determinado por uma "imaginarização" do que *pode* ser, e que, podendo ser, quem sabe *será* mesmo. Por isso devemos nos antecipar para fazer ser ou impedir que seja.

Eu gostaria de falar a partir do passado. A intempestividade está exatamente aí: no respeito à diferença emergindo nessa nossa conjuntura do futuro como princípio de constituição do que é real, porque hoje vivemos esse paradoxo: o que é real é o virtual, o resto é banalidade. Quando o futuro é a estrutura de tempo que determina o que é real, eu gostaria de ser impertinente, extemporâneo e intempestivo, falando a partir do passado. Mas qual passado? O virtual? Estou falando de um lugar virtual, não *estou* no passado. Trata-se do tal passado virtual que só está à disposição do presente à medida que o presente dele necessita para legitimar-se, ou um passado real, o passado *mesmo*?

Estou falando de dois mil, três mil anos atrás. O motivo pelo qual vou falar a partir de um tempo tão remoto é o totalitarismo do futuro-presente, essa avassaladora projeção do futuro sobre o presente, a inquietação do presente que todos nós sofremos no nosso cotidiano, nas decisões que temos de tomar, na extrema velocidade que a vida hoje ganha. É por isso que vou falar a partir do passado, embora o motivo pertença inteiramente à nossa contemporaneidade.

Essa é uma escolha ética. Eu não *preciso* fazer isso. Posso acompanhar o sucesso tecnológico e me deslumbrar com as virtualidades das novas tecnologias comunicacionais, biomédicas, as nanotecnologias, as maneiras de mudar o corpo, de invadir o corpo, de fazer outro corpo. Até que chegue o dia em que poderemos ir a um supermercado de corpos e trocar os olhos, as orelhas, o nariz, os cabelos, e isso não ser propriamente considerado uma artificialização, pois já estamos nos *hibridando* com máquinas e outros seres vivos. Há um experimento no qual implantaram uma orelha nas costas de um rato. Essa experiência indica uma lógica, e é para isso que quero chamar a atenção: ratos com orelhas nas costas não são uma virtualidade, são uma lógica, a lógica de que a natureza não precisa ser respeitada nas diferenças que ela estabeleceu no seu fazer aparecer as coisas, de que a natureza pode ser mudada. Aliás, ela *deve* ser mudada, porque é extremamente imperfeita. A tecnologia contemporânea da qual dispomos é um sujeito de transformação eficaz da natureza, do mundo, da história, de tudo.

É então do passado, em nome do passado e pelo passado que vou falar, em vez de acompanhar com entusiasmo o sucesso tecnológico. Isso talvez constitua, hoje, o cerne do pensamento continental europeu. E é esse acompanhamento entusiasmado — ou, pelo contrário, extremamente pessimista, melancólico e derrotista — do sucesso tecnológico que se dá a pensar. É necessário pôr o pensamento na via do acompanhamento? Ou pode-se partir para uma atitude de resistência que não seja reativa ou ressentida, mas produtiva e criativa? Um humanismo de resistência ainda é possível? E por que seria necessário? Porque, quando a tecno-logia agencia presente e futuro num bloco circular e "indecidível", no qual o futuro é causa do presente — que, por sua vez, também se torna causa do futuro —, ambos efeito e causa reciprocamente um do outro, o passado fica num regime de prontidão, de *stand by*, e todos os tempos se achatam num mesmo tempo. Agora o passado, que, na ordem naturalizada da crono-logia, estava muito longe de nós, torna-se nosso contemporâneo. Fica aqui à nossa disposição. Está aqui, e nós podemos usá-lo.

E eu *quero* usá-lo para fazer uma certa oposição crítica não ressentida, não reativa. Pode-se começar pensando: estamos aqui falando do tempo, traçando sobre o tempo considerações intempestivas. A única intuição que tivemos sobre ele nos últimos dois milênios foi a do tempo cronológico, a da sucessão, da duração que se sucede num regime de causa e efeito. A isso exclusivamente temos chamado "tempo". Mas os antigos gregos tinham também suas intuições de tempo, e não só a que nos coube conservar.

Heráclito, por exemplo, num fragmento célebre, diz que o tempo é "um jogo de crianças, de criança o reinado", e nós pensaríamos ser esta uma definição do tempo. A primeira palavra desse fragmento é *aiôn*. *Aiôn* é como um jogo de crianças, de criança o reinado. *Aiôn* foi traduzido por "tempo". Parece que Heráclito está definindo tempo como "acaso", "jogo", "brincadeira", "reinado de criança". Mas havia outras palavras, outras intuições.

Nossos políticos costumam dizer: "Não sou candidato, mas se o cavalo passar selado, eu monto." Este é o "momento oportuno". Os gregos o chamavam *kairós*, que nós traduzimos como "tempo". Ainda havia *khronos*, a duração. A duração pode ser longa, como quando se diz que uma doença é crônica, por exemplo, ou pode ser muito breve. Em ambos os casos, trata-se de resistência no passar. A palavra é *khronos*, e nós de novo dizemos "tempo".

Há uma outra palavra grega, *ethos*, radical da nossa famosa ética, que aparece em outro fragmento de Heráclito também muito difícil de traduzir. Ele diz mais ou menos: o extraordinário (e usou a palavra *daimon*, que muita gente achou que era "demônio") é o *ethos anthropou*, é o "*ethos* do homem". Uma tradução convincente desse fragmento pode ser "o extraordinário é a morada do homem". O homem habita na proximidade do extraordinário; o ordinário, que é o homem, convive na sua morada com o extraordinário.

"Morada" para nós designa espaço, o lugar onde uma pessoa habita. Em francês há uma palavra para indicar o endereço da pessoa, a sua morada: *demeure*, que também quer dizer "demora", ou seja, o lugar onde uma pessoa fica, permanece; portanto, seu endereço é sua demora no lugar que é seu. Talvez só a língua francesa tenha conservado este sentido da palavra *ethos*, além, possivelmente, de *dimora*, em italiano, que tem aproximadamente o mesmo significado. Essa palavra deixa-nos entrever que habitação, e portanto demora no lugar próprio, é também uma compreensão da temporalidade.

Para todas essas palavras usamos uma só, "tempo". E dizemos que os gregos tinham várias concepções do tempo: uma como *aiôn*, outra como *kairós*, outra como *khronos*, outra como *ethos*, e havia ainda a referência aos ancestrais, a um passado gerador. Mas será que faz sentido dizermos que, quando os gregos usam a palavra *aiôn*, estão dizendo "tempo"; e quando usam *kairós* também estão dizendo "tempo"? E quando empregam *ethos* falam ainda da mesma coisa? E quando utilizam *khronos* permanecem designando "tempo"? Por que eles inventariam tantas palavras se estão dizendo uma coisa só? Nós é que empobrecemos extremamente a compreensão do que é o tempo quando acoplamos a lógica à duração e produzimos uma concepção crono-lógica, que é a única que fomos capazes de empregar de Aristóteles até agora.

Desde que Aristóteles disse que o tempo é o número do movimento segundo o antes e o depois, ou seja, segundo a relação de causalidade, só tivemos uma compreensão do tempo: o passado antecede o presente, e o presente, como passado do futuro, antecede o futuro, que é o novo presente, e assim sucessivamente, num encadeamento lógico de causa e efeito na ordem do antecedente e conseqüente, ou seja, na ordem do tempo. E isso é uma tautologia, uma repetição. É dizer que o tempo é o tempo é o tempo, e nada mais. O que terá acontecido àquela variedade de compreensões que tinham os gregos do que nós hoje pobremente, usando uma palavra só, chamamos de tempo?

Os gregos também concebiam a *simultaneidade* como tempo quando diziam que o rei da soberania, o adivinho e o aedo (o poeta), que depois, para nós, passaram a ser os especialistas em futuro (o adivinho), em passado (o poeta) e em presente (o rei), tinham a ciência simultânea do que foi, é e será. Tinham o conhecimento, assim, da simultaneidade daquilo que para nós apareceu depois, no regime cronológico, como uma sucessão de três tempos, cada um com sua característica própria, sendo que, dos três, a rigor só um *é*, o presente. O passado é *não mais*, e o futuro é *não ainda*. Portanto, tanto o passado como o futuro *não são*. O único tempo que é é o presente. Isso significa a pobreza das pobrezas.

Mas nossa história principia muito antes dessa referência grega. Começa num dia em que para um homem chamado Abraão, que morava na cidade de Ur, na Caldéia, mais ou menos onde hoje deve ser o Iraque, apareceu ninguém menos do que Deus, e lhe disse: "Sai daqui e vai para a terra que eu vou te ensinar, onde tua descendência será tão numerosa quanto as areias da praia." A partir daí instituiu-se uma história de *confiança*, de fé. Sua datação é provavelmente o século XIX ou XX a.C. Essa é uma fonte da nossa história que nunca usamos. Começamos sempre nos gregos, na guerra de Tróia.

Nossa história "oficial" começa, assim, há cerca de 30 séculos, com eventos que fazem parte da massa, do corpo da história da cultura ocidental. Um dia essa fonte judaica irá borbulhar. Nós achamos que somos só gregos, mas não somos. Há outra fonte que diz outras coisas, que também fala de tempo e cuja primeira narrativa, aliás, começa com as palavras "naquele tempo", ou seja, nas origens dos tempos, quando surgiu o tempo. Ela conta o tempo da criação. Com a Grécia nos encontramos um pouco mais em casa, porque a universidade adotou os gregos, e não o cristianismo ou o judaísmo, como sistema de pensamento produtivo e criador do real. Parece que só a filosofia e a ciência podem pensar, que a religião não pensa. Pois pensa, e muito, sobre isso a respeito do que ainda teremos de refletir com humildade.

Estou falando em nome do passado, de dentro do passado (que é mais longo do que costumamos admitir), e quero dizer que a pauperizaçao nao se deu sem motivo. Os gregos tinham suas razões e deviam realizar uma operação: livrar-se do *extraordinário*, daquela excessiva presença dos deuses que a toda hora se misturavam com os mortais e fabricavam híbridos, como os semideuses ou os centauros, e intervinham nas batalhas para segurar o braço de Aquiles, porque, se não o fizessem, Heitor ganharia, e Palas Atena estava interessada em que Aquiles ganhasse. Segundo outro fragmento de Heráclito, Homero devia ser varrido das feiras a bastonadas, e Arquíloco com ele. Esta é uma forma de dizer que Homero mente. E Homero significa toda a compreensão, toda a experiência cultural mítica em que se misturam o extraordinário e o ordinário. Ele mente porque o extraordinário está fora, e o ordinário é o que propriamente é, o presente, o que se apresenta, o que está na presença, aquilo sobre o qual se pode saber a verdade. Isso devia ser conquistado, e os gregos conquistaram-no pela invenção desse poderosíssimo artefato de produção de realidade que se chamou "o ser". O ser é a grande invenção grega da qual nós vivemos até hoje e que valeu uma das grandes frases definidoras da cultura ocidental: "Ser ou não ser, eis a questão."

E essa é a questão mesmo. Os gregos a criaram na forma que conhecemos: ou bem algo é, ou bem não é. Este é o enunciado do princípio de identidade, base da lógica, da ciência do logos. Em torno do domínio do logos travou-se imensa batalha entre políticos, poetas — e poetas significam épicos, trágicos e líricos, que não são a mesma coisa —, sofistas, filósofos, legisladores, homens e mulheres, para que finalmente se produzisse essa coisa que nos parece uma banalidade: o que é é, e o que não é não é. Em certa medida, o que é também não é, e o que não é também é. Pois a grande astúcia grega foi apagar esse *também*, de tal modo que o que seja seja, e o que não seja não seja e não venha importunar o que é.

Disseram os filósofos que o extraordinário não é porque não tem o estatuto de presença do ordinário. Essa espécie de ateísmo do qual é constantemente acusado o pensamento grego apresentou-se num conjunto de operações sobre a linguagem. A extraordinária invenção grega foi ter centrado a linguagem em torno do verbo *ser* no infinitivo, indicando o infinito, ou seja, a duração em todas as direções do presente, um presente que nunca cessa. Mas o verbo nada diz se a ele não se acoplarem dois nomes, um na posição de sujeito e outro na posição de predicado. Sem isso não se produz um enunciado. Produz-se quando se diz "canto", "ando"; mas não quando se diz "ser". Ser é o neutro em estado puro, e é preciso agir sobre ele para com ele produzir alguma positividade. É necessário que haja sujeito e predicação em relação ao sujeito, e isso pode ser um risco muito grande, se a linguagem tiver potência de fundação do real, como então se acreditava.

Quando a *Ilíada* era recitada, não se tratava do relatório de um fato que se passara e tinha acabado. Era a "reencenação" desse fato: a guerra acontecia de novo, e a Grécia era novamente inventada. A potência da linguagem era portanto um elemento de desestabilização do ser. O extraordinário estava sempre presente ali, e agindo. A grande astúcia grega foi inventar o verbo ser no infinitivo e depois no presente do indicativo, fazendo dele a cópula lógica. Toda proposição lógica tem como cópula, ou seja, como elemento de ligação entre o sujeito e o predicado, o indicativo "é". Portanto, indica-se, singulariza-se, "presentifica-se", e essas são as grandes operações de fabricação do ordinário no presente, na sua verdade.

Operações semelhantes foram feitas com o espaço. Os gregos não tinham uma palavra para dizer "espaço". *Hôra*, o termo mais próximo, indicava mais ou menos "território", mas não um território geométrico. Era um todo até onde alcançava a proteção de um deus. Isto era uma *hôra*, que podia ser medida. Talvez fosse equivalente, por exemplo, a um dia a cavalo, ao *tempo* que se levava para chegar ao termo. *Termo* era o nome de um deus que marcava o início e o fim da proteção, por exemplo, de Netuno e de Palas Atena sobre a cidade de Atenas. Os marcos eram deuses, assinalavam o início e fim do vigor da proteção. O tempo que se levava entre um marco e outro, o inicial e o terminal da vigência da proteção do deus, isso era um território.

Hoje em dia estamos inteiramente convencidos — e talvez seja verdade — de que os gregos inventaram a geometria, depois desenvolvida pelos árabes. A geometria era a neutralização do volume da *hôra*, que deixava de ser o território segundo a vigência da proteção de um deus para ser algo semelhante ao que chamamos de "espaço", nas suas três dimensões mensuráveis e, portanto, inteiramente neutralizadas, continente para qualquer conteúdo. Tudo cabia ali, e era disso que se precisava: que tudo coubesse, que o espaço não deformasse, conformasse, reformasse aquilo que o habita, para o qual fosse meramente um continente, como veio a ser.

Com o tempo os gregos não conseguiram essa neutralização. Claro que tiraram dele o acaso: o tempo não pode ser acaso, e isso permanece até agora. Só muito recentemente o acaso voltou a entrar em linha de conta, e passamos a levá-lo a sério como tempo. Mas até há pouco isso não podia ser. Acaso é precisamente o que *pode não ser*. E o que pode não ser *não é*. E do que não é queremos distância. Nós somos os da ordem, nós, os gregos. Acabamos com o acaso e com a oportunidade. Ora, a oportunidade é em parte *ocorrência* e em parte *decisão*. Mantivemos a ocorrência, mas suprimimos a decisão, porque ela subjetivizaria o tempo. Se metade do tempo fosse decisão humana, o tempo ficaria extremamente subjetivado, e a ordinariedade que se queria implantar, o presente como ordinário, aquilo cuja verdade se pode saber e dizer, ficaria por demais submetido aos humores e oscilações do sujeito.

Elimina-se desse modo uma parte do *kairós*, que é a decisão de montar no cavalo que passa selado. De *khronos* sabemos o que foi feito: acoplou-se a ele a lógica e fez-se a cronologia, como uma estrutura do tempo necessário, do tempo que passa das causas para os efeitos e que é a ordem necessária do passar. Os gregos, contudo, não conseguiram eliminar a seguinte dualidade: se o ser é o que é e não o que não é — o que nos parece óbvio, decerto, mas é um problema —, o tempo próprio do ser é o que *não passa*, porque, se passar, o ser corre o risco de não ser, e o não-ser vir a ser, e isso não é possível. Então, o tempo próprio do ser será a eternidade. Foi assim que Platão formulou.

Mas não se pode deixar de levar em consideração o que observamos na vida real: coisas passam, outras advêm, coisas que eram não são mais, outras que ainda não eram vieram a ser. E, assim, os gregos não foram capazes — ainda bem — de eliminar a tensão entre um tempo verdadeiro e um outro tempo, que Platão chamava de *imagem móvel da eternidade*, e quando Platão dizia *imagem* ele estava em geral começando um anátema. Sabendo-se que a eternidade, como o ser, é imóvel, eterna e imutável, então "imagem móvel" é uma dupla degradação: o tempo como imagem móvel da eternidade é a eternidade degradada, ou seja, é o tempo *falso*. Os gregos não conseguiram eliminar a tensão entre o tempo verdadeiro e o tempo falso, vale dizer, não conseguiram simplesmente fazer o tempo falso ingressar na ordem do não-ser, e, portanto, não ser tempo algum. Esse tempo que resiste afeta as estruturas da causalidade de que os gregos precisavam para organizar as suas belíssimas construções teóricas.

Eles ficaram portanto constrangidos a viver entre a eternidade e o passado, ou seja, o que deixou de ser presente, porque um futuro adveio. Mas é sempre do passado que se trata. Toda a cultura, tal como nós a conhecemos dos gregos para cá, passou-se entre *eternidade* e *passado*, até a morte de Deus. Nietzsche, em *Assim falou Zaratustra*, relatou como Zaratustra tinha passado cerca de 20 anos na companhia de sua serpente e de sua águia, isolado no alto do monte. Um dia deu-lhe um fastio, e ele resolveu descer para junto dos homens e ensinar-lhes a sua doutrina, que era a doutrina do eterno retorno. Zaratustra desceu da montanha, encontrou um eremita e perguntou-lhe o que fazia ali. O eremita respondeu que estava abismado na contemplação de Deus, e Zaratustra foi embora, pensando: "Pobre velho, não sabe que Deus morreu."

Essa observação não precisava ser levada tão a sério, mas foi, e ficamos convencidos de que Nietzsche queria dizer o seguinte: toda a nossa cultura tem sido uma cultura do fundamento, da *arké*, da origem, do princípio, que é a cultura das causas, de uma causa que gera um efeito. Ora, fundamento não há, tudo se dá de acordo com perspectivas e acasos. E uma forma de dizer isso, a mais contundente, é: Deus, a causa de todas as causas, o fundamento de todas as fundações, morreu. E nós ficamos convencidos disso pelo século XX afora.

Nietzsche morreu em 1900, e durante o século XX permanecemos convencidos de que ele tinha enunciado o fim dos fundamentos e da causalidade, com a morte de Deus. Tudo o que tínhamos a fazer era entrar na imanência do mundo, colarmo-nos às coisas, pedir um espaço entre os seres vivos, as máquinas, o inerte, e aí vivermos segundo as nossas possibilidades, agenciando-nos com esses outros e hibridando-nos, naquele cenário que, no começo, desenhei como o cenário da tecno-logia.

Mas e se Deus não morreu? E se Nietzsche não quis dizer que não há fundamento algum, que não há causa? E se estivesse falando de outra coisa, por exemplo, da potência da linguagem? Parece que era *disso* que ele falava, da potência da linguagem, da invenção poética como instauradora de mundo. Parece que é disso que tratam os livros de Nietzsche, e não de teologia. Quando digo "E se Deus não morreu?", o que estou perguntando? Pergunto: e se nós, em vez de nos *indiferenciarmos* entre as máquinas, os seres vivos, as matérias, ou nos tornarmos indiferentes ao haver diferença, ao haver homem, ao haver real, ao virtual não ser real e ao real nao ser virtual, enfim, e se nós, em vez de aceitarmos a indiferença ou a indiferenciação, apostarmos na diferença?

É nesse sentido que falo a partir do passado, que é a diferença por excelência, nesse momento em que futuro e presente fazem bloco. Se nós nos mantivermos dentro da compreensão, da pré-compreensão, da aposta de que são a diferença e o sentido, o fazer sentido, o ser provido de sentido que sustentam o ser humano, que suportam aquilo que nós somos no tempo? Talvez então sejamos capazes de compreender que, quando um acaso irrompe, a máxima potência do ser se realizou, porque se realizou aquilo que podia não ser. Ora, se algo pode não ser e é, então a máxima potência do ser está afirmada.

O acaso não é, portanto, o que deve ser evitado, mas, pelo contrário, o que deve ser *positivado*. A irrupção do acaso dá ritmo ao mundo. Quando um acaso irrompe, uma diferença se apresenta, e é assim que percebemos o tempo. E percebemos por causa da incessante produção de acasos que é o exercício da liberdade de Deus. Percebemos algo como tempo porque há um ritmo, uma ruptura de continuidades. Quando um acaso irrompe de surpresa, o que poderia não ser se afirma. Nessa máxima potência, o tempo é a nossa percepção de que o que é é *originariamente*, quer dizer, provém de uma origem que nunca cessa, como uma fonte que provém da *incessância* da origem, mas que não se dá linearmente como uma reta sem interrupção, mas segundo ritmos, diferenças, ao acaso, afirmando a máxima potência do poder não ser.

Esse milagre do ser que é precisamente, de que o que pode não ser seja, desbanaliza o princípio da lógica — o que é é, o que não é não é, pela força do acaso. E acaso não é um acidente. O acaso é a máxima instauração do ser que dá ritmo ao real, um ritmo que, só por causa da irrupção do acaso, somos capazes de perceber. Se não fosse assim, o real seria uma planície chatíssima, provavelmente um deserto. A esse ritmo chamamos de *tempo*. Portanto, segundo a origem, tudo é agora, e todo tempo é eternidade não imóvel, segundo a identidade, mas móvel, segundo a semelhança, isto é, a simultaneidade de igual e desigual, diferença ao acaso, a máxima potência, a potência de poder não ser que se *realiza*. É no regime de semelhança que podemos um dia, quem sabe, surpreender o *real como tempo*. Um dia será o tempo dos frutos. Não é alegre imaginar que podemos estar presentes para a colheita?

Imagens do tempo

• *Luiz Alberto Oliveira* •

A Mário Novello, pensador, mestre e amigo

Introdução

Os mitólogos costumam chamar de Imagens de Mundo certas constelações de idéias segundo as quais as diferentes sociedades humanas fundamentam, tanto coletiva quanto individualmente, a experiência do existir. Do ponto de vista histórico, essas Imagens foram geradas pelas tradições étnicas locais de cada povo ou pelas grandes tradições religiosas. No Ocidente, contudo, desde os últimos três séculos, uma outra prática de conhecimento veio se somar a essas, na função de elaborar as bases da experiência de mundo: a Ciência. Com efeito, a partir da revolução científica do Renascimento, as ciências naturais passaram a contribuir de modo cada vez mais decisivo para a formulação das categorias pelas quais a cultura ocidental compreenderá a realidade e atuará sobre ela.

Os saberes científicos, contudo, têm uma característica inescapável: os enunciados que produzem são necessariamente provisórios, estão sempre sujeitos à superação e à renovação. Outros exercícios do espírito humano — como a cogitação filosófica, a inspiração poética ou a exaltação mística —talvez possam aspirar a pronunciar verdades últimas; as ciências só podem pretender formular verdades transitórias e inacabadas.

Bem ao contrário de uma deficiência, porém, essa transitividade inevitável, essa perpétua readaptação, é que assegura às ciências seu caráter evolutivo — e sua extraordinária capacidade de descrever e transformar a natureza. Por conseguinte, uma vez que a ciência veio a adquirir o papel de co-geradora das imagens de mundo com que a sociedade contemporânea opera, somos continuamente convidados a reassentar em novas bases nosso entendimento sobre os estados de coisas e sobretudo nossos sistemas de valores. Esta situação de ruptura incessante que não é e não pode ser uma ação indolor foi nomeada, pela mídia do final de milênio, de crise da Pós-modernidade.

O elemento da presente imagem de mundo que estaria a ponto de sofrer o deslocamento mais drástico e o abalo mais profundo, em função das inovações científicas deste século, seria nada menos do que a noção de Tempo, tal como cotidianamente — e em geral inconscientemente — a empregamos. Fundados em nosso senso comum, acreditamos conhecer os atributos essenciais do tempo: fluxo irrefreável que transporta os seres do mundo do passado para o futuro; deslizante base única que o real habita; linha infinita de instantes. Sem dúvida há uma Imagem do Tempo bem definida no Ocidente. Contudo, a ciência contemporânea exibe diversas noções ou diferentes operadores denotados pelo mesmo termo "tempo" — indicando paradoxalmente uma incompletude em nossa apreensão costumeira desse conceito tão básico.

Para a ciência de hoje essa Imagem, embora funcional, não é "objetiva", não corresponde a qualquer atributo básico da realidade natural. A célebre afirmação de Einstein resume a posição de muitos cientistas: "Para os físicos, a distinção entre passado, presente e futuro é apenas uma ilusão, ainda que persistente".[1] Surge assim um curioso campo de problemas: como se constituiu a Imagem do Tempo predominante na atualidade? Que outras imagens de temporalidade são concebidas e empregadas pelas ciências contemporâneas? Como o conhecimento sobre a natureza — e, paralelamente, o estatuto do sujeito humano — se transforma ante essas novas figuras do pensamento? A revolução de perspectivas no âmbito de uma Filosofia Natural da temporalidade aponta para uma série de questões de grande alcance que permanecem tentadoramente em aberto.

Uma (não tão breve) história do tempo

Iniciemos a exploração indagando da origem da Imagem comum e habitual que formamos sobre o tempo. Para isso vamos narrar uma história que, em linhas gerais, podemos estimar como suficientemente correta. Nossa narrativa começa com um experimento hoje clássico, realizado por Maturana e outros nos anos 1950.

Fixaram-se eletrodos nos nervos ópticos de uma rã, na tentativa de identificar as formas dos objetos que os excitariam. Os resultados foram surpreendentes. A rã reagia somente a dois padrões de movimento: o de um pequeno objeto esvoaçando horizontalmente (o "padrão-inseto", do qual a rã tendia a se aproximar) e o de uma grande sombra pairando ao alto (o "padrão-cegonha", do qual a rã procurava se afastar). Ora, rãs comem insetos, e cegonhas comem rãs; os comportamentos de ataque e fuga são perfeitamente compreensíveis. O singular é que, entre a apresentação dos padrões, a rã não processava qualquer estímulo visual — como se o mundo simplesmente desaparecesse. Ela sequer podia distinguir se uma única mosca ia e voltava, ou se duas moscas distintas passavam sucessivamente — apenas sucediam-se dois padrões-mosca. O universo da rã é descontínuo, sua "cosmologia" é "estroboscópica", não existem objetos perduráveis no mundo da rã. A pergunta, então, é: como surgiram os objetos?

Para procurar uma resposta deve-se recorrer à paleoneurologia, a ciência da evolução dos sistemas nervosos. Nossa história remonta, assim, há cerca de 65 milhões de anos, quando um acidente cósmico — o choque de um grande asteróide com a Terra — provocou mudanças profundas nas condições ambientes do planeta e determinou a extinção da ordem então dominante — os dinossauros. Foi a partir dessa catástrofe que os mamíferos, até então circunscritos a nichos ecológicos específicos, encontraram campo livre para se expandir e tiveram sua evolução acelerada.

Um fato decisivo transcorreu, em particular: com o abandono dos hábitos noturnos em favor da atividade diurna, agora possível, a visão dos mamíferos, acostumada às condições da noite, teve de se adaptar à claridade do dia. A flexibilização dos centros cerebrais da visão exigida para essa tarefa permitiu que o sistema perceptivo dos mamíferos adquirisse uma capacidade notável, que podemos chamar de síntese dos sentidos de longo alcance; ou seja, seus cérebros passaram a integrar os estímulos recebidos pela visão, pelo olfato e pela audição em um mapa unificado — operação extremamente sofisticada, uma vez que os sinais visuais, olfativos e sonoros são de natureza muito distinta. Essa síntese permitiu que os objetos percebidos ganhassem identidade e estabilidade, ainda que estivessem em movimento, ou que o observador mudasse seu ponto de vista.

Em conseqüência disso, o mundo dos mamíferos ganhou continuidade e passou a ser constituído por objetos duráveis. Essa objetificação do mundo representou o nascimento do tempo e do espaço da sensibilidade, o quadro biológico de fundo a partir do qual apreendemos a realidade e nela nos situamos.

A próxima etapa também está associada a uma variação climática: há cerca de quatro milhões de anos, na África, grandes regiões de densas florestas tropicais foram pouco a pouco se transformando em savanas de vegetação baixa. Privados do ambiente multidimensional da floresta fechada, alguns primatas que aí viviam adaptaram-se às novas condições, assumindo uma postura ereta. Essa mudança aparentemente tão simples teve enormes conseqüências. As patas dianteiras puderam ser liberadas da função exclusiva de locomoção; a progressiva oposição do polegar aos outros dedos (permitindo pinçar objetos), combinada a um delicado alinhamento do olhar com o movimento dos punhos (garantindo a precisão dos gestos), acabou por transformar as patas em mãos.

Assim, o *Homo Erectus* e seus descendentes — nossos ancestrais — se tornaram animais técnicos e conseguiram, há um milhão de anos, o extraordinário feito de adquirir controle sobre um processo: o fogo. As mãos passaram a levar o alimento à boca; liberada da função de agarrar a presa, a mandíbula pôde suavizar-se e diminuir de tamanho, facilitando a emissão de sons (e o aumento concomitante da capacidade craniana). A maneira mais "econômica" de se produzir todo esse conjunto de alterações morfológicas foi atrasar a maturação dos fetos — processo a que os paleoantropólogos chamam de neotenia. Desse modo, os bebês proto-humanos passaram a nascer cada vez mais "inacabados", ou seja, sua maturação completa começou a ocorrer depois deles terem nascido. O desenvolvimento retardado reduzia a influência dos padrões de comportamento inatos e aumentava a capacidade (graças ao aumento e à "complexificação" dos cérebros) de assimilar padrões. Assim, a transmissão de comportamentos tornou-se cada vez mais importante.

Esses bebês neotênicos são relativamente incapazes de sobreviver por si mesmos durante um longo período, demandando cuidados intensivos por parte do grupo. A simples sobrevivência da espécie exigiu uma forte coesão da coletividade, uma socialização integradora, para que se pudesse dedicar atenção aos infantes. A inovação revolucionária que fomentou o fortalecimento dos laços sociais foi a criação de uma nova forma de se comunicar, propiciada pela facilidade de emitir sons. A voz converteu-se assim em um novo suporte de registro, no qual o significado de posturas e gestos (de alerta, de afeto etc.) empregados pelo grupo traduziu-se em palavras: era o surgimento da fala, talvez o acontecimento mais decisivo da história de nossa espécie.

Ao se comunicarem, esses animais falantes produziram uma tecnologia prodigiosa, uma memória compartilhada fora do corpo dos indivíduos. Pela simbolização, pela codificação de sinais que substituíam coisas ou ações, o repertório de experiências e conhecimentos de todo o grupo podia agora ser continuamente acumulado e transmitido às novas gerações. À medida que os ciclos naturais — períodos de migração de manadas e estações do ano, por exemplo — foram sendo recordados e correlacionados, os registros de fatos já vividos transformaram-se em expectativas e depois em previsões. Rebatida sobre o futuro, a memória converteu-se em antecipação, possibilitando que nossos ancestrais operassem com uma dimensão sem precedentes e que nenhum outro animal parece ter capacidade de apreender: o amanhã.

> A caçada fora bem-sucedida, e, em torno do alce gigante tombado, a matilha se atarefava nos complexos procedimentos de partilha da presa. Ainda ofegante, apoiando-se na comprida lança que recém extraíra da vítima, a caçadora ergueu os olhos para o ponto prateado que brilhava temporariamente solitário no céu cada vez mais anoitecido. Algo se moveu em seu íntimo, e, num clarão de assombro, recordou uma outra manada, uma outra caçada, nas primícias de um outro inverno — contemplado pelo mesmo ponto de luz, um palmo acima da montanha dos cedros. E então soube, com certeza mais cortante que a obsidiana com que fazia a morte do alvo servir à vida da tribo, que o retorno da manada, nas vésperas da neve, se repetiria sempre sob aquele luzeiro, naquela posição, sob uma mesma face do céu. A escura seda da noite a tudo abraçava agora, a gota de prata descera, multiplicando-se, na rota para o horizonte, em milhares — mas no olhar da caçadora, acompanhando incansável a derrama de estrelas, ardia agora um fogo de compreensão que acabaria por inflamar os milênios por vir.[2]

Este foi o nascimento do tempo e do espaço simbólicos, o quadro coletivo de fundo a partir do qual concebemos a realidade e nela atuamos.

A observação de que a natureza é rica em regularidades — isto é, em fenômenos rítmicos ou periódicos — foi um dos sinais inequívocos do desenvolvimento da inteligência no homem, e suas evidências arqueológicas remontam a dezenas de milhares de anos atrás. Não admira que a imagem mais arcaica do tempo de que podemos dispor, segundo os historiadores das idéias, seja a do ciclo. Desde as eras mais remotas, inúmeros povos compartilharam a convicção de que a natureza se organizaria ritmicamente, sendo a conjugação dos diversos ritmos naturais a própria expressão da ordem cósmica ou divina vigente.

Nas mitologias de praticamente todas as culturas humanas encontra-se, por exemplo, a associação de eventos primordiais (relatos da origem, episódios fundadores, feitos heróicos) com a disposição de constelações no céu. Tão generalizada parece ter sido a prática humana de codificar acontecimentos modelares por meio de uma simbologia celeste — ou estelar —, que

Giorgio de Santillana arriscou-se a afirmar, invertendo os termos da equação habitual, que a observação "científica" precederia a enunciação "mítica", resumindo essa opinião em uma fórmula atrevidamente atraente: o homem é o animal que olha para o céu.[3]

Não há controvérsias, todavia, acerca do papel verdadeiramente capital desempenhado na história do conhecimento científico pelo longo (e possivelmente árduo) processo de registro de correlações entre os ritmos que regulam os fenômenos naturais — biológicos, climáticos, sazonais — terrestres e a repetição de configurações dos astros. Nesse sentido, a astronomia seria indubitavelmente a "primeira" das ciências; e a elaboração de calendários — tabelas que exprimem associações entre ciclos da natureza e ciclos celestes —, a "primeira" das tecnologias. À construção dos calendários se deve o triunfo da revolução agrícola do Neolítico e a conseqüente aparição e prosperidade das grandes civilizações antigas. Inúmeras mitologias e cosmogonias da Antigüidade concebem o tempo como a expressão da repetição cíclica dos acontecimentos.

Os gregos — a quem se costuma atribuir a gênese do sistema de pensamento que virá a ser chamado de Ocidente — ofereceram uma contribuição espantosamente original acerca da representação da natureza, ao lançar mão de imagens geométricas para figurar os seres e os acontecimentos do mundo. Assim, o céu foi convertido em uma abóbada, e o tempo cíclico recebeu uma metáfora inesquecível: o círculo.

Tal como os astros se moveriam em órbitas circulares, porque perfeitas, o tempo, que Platão chamava de "imagem móvel da eternidade", exibiria a forma irretocável da circularidade. Aristóteles manteria a esfericidade essencial do cosmo e denominaria o tempo de "medida do movimento", recusando-lhe autonomia, mas confirmando sua representação circular. Talvez o exemplo mais bem acabado da circularidade cósmica seja o eterno retorno, a síntese entre as doutrinas de Platão e Aristóteles que os filósofos estóicos elaboraram e segundo a qual os acontecimentos do mundo se repetiriam identicamente, ao longo de inumeráveis ciclos de criação e aniquilação por um fogo primordial.

O Ocidente, porém, foi poderosamente marcado por uma outra concepção do tempo, também original mas inteiramente diversa daquela dos gregos: a de que o mundo (e portanto o tempo) teve um começo (e terá um fim). Atribuída ao profeta persa Zoroastro e imensamente difundida pela Bíblia judaico-cristã, essa doutrina extraordinária afirmava que há acontecimentos singulares que nunca se repetiram nem se repetirão (a gênese, a crucificação, o Apocalipse), sendo o tempo demarcado por esses eventos únicos. O *Gênesis*, de fato, consiste de uma exposição temporalizada da criação (em que o espaço está quase ausente e é decididamente secundário).

Jorge Luis Borges, em página memorável, registra sua perplexidade perante essa figura do tempo, pois se a essência do tempo é haver um antes sucedido por um depois, o que dizer de um instante que não teria precedentes, que não seria a sucessão de um instante anterior?[4] Se os gregos resumiam a repetição periódica na metáfora do círculo, a figura bíblico-zoroastriana do tempo corresponderia a uma outra entidade geométrica: um segmento de reta, confinado por extremidades abertas (e inconcebíveis). Como é evidente, essas duas imagens, a da repetição perpétua e a da duração finita, são rigorosamente díspares. Para compatibilizá-las, o Ocidente teve de aguardar a obra de dois santos, Agostinho e Tomás de Aquino. A concepção de tempo vigente na Idade Média européia resultou desse autêntico milagre de conciliação de incompossíveis.

Em certos momentos cruciais da história do pensamento, a arte antecipou-se à ciência, ao inaugurar a utilização de noções que posteriormente iriam desempenhar um papel capital em determinadas transformações científicas basilares. A revolução científica do Renascimento — a demolição da ordem cósmica global que coordenava a visão de mundo medieval, consubstanciada na Grande Cadeia dos Seres, e sua substituição pela cosmovisão mecanicista moderna — teve como prelúdio o espantoso surto de construção de magníficas catedrais que acometeu a sofrida Europa dos séculos XII e XIII. Expressões incomparáveis de devoção encarnada em pedra, as catedrais góticas incorporavam diversas inovações técnicas e artísticas; dentre elas a menos importante talvez não tenha sido a mudança da cor nos tetos das abóbadas.

Na tradição medieval cristã, o céu que importava era o celestial, um domínio etéreo e invisível, incomensuravelmente além das luzes que salpicavam a chamada abóbada das estrelas fixas e habitação exclusiva de entidades angelicais e almas bem-aventuradas. Signo do desprezo pela fonte de abominações que era a natureza, a separação entre "céu" e "Céu" exprimiu-se no predomínio do simbólico sobre o concreto que caracterizou a maior parte da arte medieval. Durante o conflito das Cruzadas, graças ao contato com a grandiosa civilização árabe-mourisca, o continente europeu foi pouco a pouco readquirindo a posse de sua herança greco-romana. Lentamente, novas e antigas idéias insinuaram-se no espírito de artesãos, pensadores e artistas, inquietando sua imaginação. Principiava o poderoso movimento de revalorização dos fenômenos naturais (e do conhecimento empírico) que desembocaria na revolução renascentista. Um de seus primeiros e mais importantes índices foi a naturalização do céu, manifestada quando a cor do teto das catedrais góticas migrou da glória sobrenatural do dourado para a amplidão pacificadora do azul.

> Depois de séculos, o céu simbólico e o céu observável voltavam a coincidir; as fronteiras entre os orbes natural e sobrenatural tornaram-se fluidas. Nicolau de Cusa, Tommaso di Campanella e principalmente Giordano Bruno ousaram cantar as glórias de um cosmo intérmino, indeterminado, infinito. As luzes cintilantes da noite serão, doravante, o horizonte tanto para o olhar sensível quanto para o espiritual; os anjos, desde então, passaram a morar entre as estrelas.[5]

Assim como Copérnico, Kepler e Galileu nos legaram uma nova Imagem do espaço, ao descentrar o cosmo, também o conceito de tempo iria sofrer uma transformação radical ao cabo do Renascimento. Para abordar essa mudança profunda e suas conseqüências de longo alcance, porém, é necessário considerar uma das invenções mais notáveis dos últimos dois mil anos: o relógio mecânico.

Tique-taque, tique-taque

Enquanto as principais atividades produtivas das antigas culturas estiveram centradas na caça e na coleta — e mesmo quando passaram a estar calcadas no cultivo e no pastoreio —, os ciclos essenciais para a sobrevivência foram duas sucessões solares: a dos dias e das noites e a das estações do ano. (O ciclo da Lua também teve grande importância, orientando o agrupamento de dias em semanas ligadas às fases lunares.) Não havia, no entanto, necessidade imperiosa de se dividir o dia em partes menores, uma vez que a natureza das atividades econômicas era indissociável dos próprios ciclos diário e sazonal. Contudo, a aparição das cidades — com a correspondente especialização das atividades técnicas e econômicas — tornaria conveniente a divisão do dia em intervalos, a partir da observação do progresso contínuo do Sol em seu trajeto de leste a oeste.

Assim, no Egito, por volta de 4000 AEC (antes da Era Comum), o dia foi separado em doze horas, medidas segundo o comprimento da sombra de uma varinha fincada verticalmente no chão — o primeiro relógio de sol de que temos notícia. As razões da escolha do número doze não são evidentes. Especula-se que ele teria origem no fato de o ciclo completo das estações — o ano — corresponder aproximadamente a trezentos e sessenta dias ou doze meses de trinta dias, o que teria motivado a divisão do ciclo diário também em doze partes. Curiosamente os egípcios contavam na base dez, e não doze.

O relógio de sol sofreu um grande aperfeiçoamento a partir da substituição da varinha vertical por uma outra, inclinada — o gnomon, "indicador", em grego. Cerca de 700 AEC estava em uso no Egito e em outros países do Mediterrâneo uma vasilha circular com as horas marcadas em uma borda e um gnomon fixado ao centro; nesse dispositivo, o comprimento da sombra permanece uniforme em sua caminhada do oeste para o leste, permitindo um melhor acompanhamento da passagem das horas. Esse tipo de relógio de sol se tornaria muito comum na Antigüidade, e os romanos chegariam a construir versões portáteis para maior conveniência do usuário.

Grandes relógios de sol instalados em praças e outros locais públicos também seriam cada vez mais populares. Diversos deles foram instalados em Roma, em comemoração à conquista dos países onde eles tinham se originado. O problema desse tipo de relógio (além, é óbvio, de não funcionarem em dias encobertos ou à noite) é que a inclinação do gnomon devia estar ajustada à latitude (ou seja, à distância do Equador na direção Norte-Sul, o que nos mapas de hoje assinalamos como paralelos). Assim, um relógio concebido para Alexandria, ao sul, ou para Londres, ao norte, seria quase inútil em Roma, e vice-versa.

A necessidade de se medirem as horas também na ausência do Sol levou ao desenvolvimento de uma série de dispositivos. Na verdade, qualquer processo aproximadamente constante durante um período serve para medir (ainda que grosseiramente) o tempo. A queima de azeite em uma lamparina, ou de velas de comprimento fixado (como na Grécia e em Roma), o rastro de cinzas deixado por uma vara de incenso ao arder (as perfumadas "horas" dos chineses), dentre outros, foram métodos empregados com relativo sucesso. Bem mais disseminado foi o emprego de relógios de água, que egípcios e chineses já utilizavam e que consistiam primitivamente de uma simples vasilha furada da qual a água escorria em uma taxa razoavelmente uniforme. Mais tarde, uma escala de divisões "horárias" começou a ser marcada da borda até o fundo do vasilhame; todavia, o desgaste do orifício e os constantes entupimentos tornavam pouco eficiente o uso prolongado desse dispositivo.

Por volta de 270 AEC, o engenhoso inventor grego Ctesibius produziu um relógio de água aperfeiçoado, no qual uma bóia subia quando a água enchia um recipiente; à bóia estava ligada uma vareta marcada que (em modelos sofisticados) movimentava uma engrenagem, fazendo um ponteiro percorrer uma escala de um a doze. Esta era a clepsidra, ou "ladrão de água" (do grego *kleptos*, "ladrão", e *hydra*, "água"), pois a água transbordava de uma câmara superior, para então encher o vasilhame com a bóia. Relógios de água extremamente sofisticados foram usados amplamente em todo o Mediterrâneo, e viajantes chineses descreveram ao imperador o maravilhoso relógio de Bagdá, que exigia o trabalho contínuo de onze homens para se manter em funcionamento adequado.

Tanto quanto os relógios de sol, os de água são pouco práticos para medir subdivisões exatas da hora, embora possam servir para marcar períodos fixos (que variam, todavia, de aparelho para aparelho), de modo análogo aos timers que hoje os cozinheiros utilizam para determinar o cozimento correto de seus quitutes. Nos tribunais romanos costumava-se limitar a oratória dos advogados empregando vasilhas ou taças perfuradas. Assim, a água tornou-se para eles um símbolo do tempo. Diziam "a água está correndo", com o mesmo sentido de urgência com que dizemos "o tempo está acabando".

Quando os aperfeiçoamentos na fabricação de vidros assim o permitiram, um novo tipo de timer começou a ser conhecido e empregado: a ampulheta, na qual o fluxo de uma medida de areia faz as vezes da vazão da água e que tinha a vantagem de não depender de uma fonte para se manter em operação — bastava inverter a ampulheta para que a medição recomeçasse. Foram criadas ampulhetas de todos os tamanhos — desde portáteis até colossos que ocupavam uma sala inteira —, mas era difícil uniformizá-las. Tampouco elas serviam para prover uma medida generalizada do tempo.

O problema de fundo desses sistemas de medida de duração — e que impediu, até a invenção do relógio mecânico, que as atividades humanas se libertassem dos limites impostos pelos ciclos naturais — era o fato de que, de acordo com a estação do ano, os períodos correspondentes ao dia (luz) e à noite (escuridão) variam. No verão, os dias são longos e as noites são curtas; no inverno é o contrário; quanto mais distante se está do Equador, mais se acentua essa diferença. Assim, na Antigüidade, as divisões do dia — as horas — eram elásticas, tinham duração variável. Complicados ajustes deviam ser feitos nos relógios de água para levar em conta o mês — ou a estação do ano — em curso; ou seria preciso produzir velas de tamanhos diferentes; ou lançar mão de ampulhetas de outro calibre. Foi a necessidade de fixar divisões do dia independentes dos períodos variáveis de luz e sombra para regular atividades repetidas que motivou, nos monastérios medievais, a adoção dos relógios mecânicos.

O relógio de sol, a clepsidra e a ampulheta são sistemas em que a medição do tempo se dá por um processo contínuo, por um fluxo (de sombra, de água, de areia). Os ciclos naturais de fato se desenrolam continuamente, e sua separação em unidades menores (como as horas do dia), para os povos antigos, tinha apenas um caráter convencional — o tempo em si mesmo não era passível de seccionamento, de fragmentação.

O relógio mecânico veio mudar tudo isso, graças à invenção, por um gênio quase desconhecido, do escape — um dispositivo muito simples, como costumam ser as grandes invenções, que permitia transformar um processo contínuo, a queda de um peso, em descontínuo, repetidamente interrompido e retomado, tornando o "fluir" do tempo em uma sucessão de segmentos de duração fixa. Essa "discretização" do tempo — sua transformação em uma sucessão de segmentos — foi a base de sua metrificação, ou seja, da equivalência entre durações e comprimentos de tempo. Isso constituiu um dos elementos fundamentais da grande revolução científica do Renascimento. Para compreender essa transformação, contudo, deve-se abordar uma prática costumeira nos conventos medievais e que levou à constituição da música polifônica.

Os monges cristãos herdaram dos hebreus o costume da leitura cantada de trechos das Sagradas Escrituras, ou salmodia. Quando se procuravam combinar as vozes de mais de um leitor, porém, surgia um problema: como sincronizar o canto de várias vozes de modo que elas soassem harmoniosamente? Como fazer música polifônica, ou seja, com muitas vozes?

No manuscrito de uma partitura do século XIII, encontrada na catedral de Notre Dame, em Paris, está exposta a solução: um símbolo para denotar unidades de tempo de duração arbitrária — correspondentes aos diferentes andamentos, mais rápidos ou mais lentos, que o maestro pode impor à execução da música. Assim, a segunda voz entra quando a primeira cumpriu quatro compassos, por exemplo; a terceira, quatro compassos depois da segunda, e assim por diante. A duração efetiva desses compassos não importa, mas, sim, seu preciso encadeamento em uma sucessão, o que garante a harmonia das vozes combinadas. Essa notação musical foi o primeiro indício de uma idéia revolucionária: a de que o tempo podia ser separado em unidades fixas. A arte, então, preparou a passagem da antiqüíssima noção do tempo como um fluxo contínuo para a nova noção do tempo, como uma sucessão de unidades descontínuas — que o relógio mecânico viria a implementar.

Os romanos foram grandes artífices e engenheiros. Contudo, jamais desenvolveram um artefato capaz de realizar medições precisas das horas e suas divisões — os minutos e os segundos. O que lhes faltou foi a idéia de um dispositivo que, depois de inventado, parece extremamente simples: o escape. Trata-se de uma engrenagem que, ao ser acionada, sucessivamente retém e libera a queda de um peso, operando assim a transformação de um movimento contínuo em uma repetição sistemática — e periódica — de pedaços iguais de movimento. Essa segmentação uniforme do tempo em unidades de tamanho fixo pode servir para fazer soar periodicamente um sino, organizando a vida dos conventos e, mais tarde, das cidades e aldeias em seu entorno; ou para mover um ponteiro ao longo de uma escala, como nos relógios já aperfeiçoados do Renascimento.

O que importa é que o relógio mecânico provido de escape permitiu que se fixasse a hora: de uma divisão elástica do dia, dependendo das estações, a hora se tornaria um padrão constante e universal de medida. Quer fosse inverno, quer verão, os dias teriam vinte e quatro horas idênticas. Os ciclos naturais passariam assim a ser referidos a um ciclo artificial, convencional, que dependia apenas do acionamento rítmico do escape, ou seja, do desenho das engrenagens do relógio. Como diz Daniel Boorstin, o homem se liberta do Sol.[6]

Uma outra conseqüência fundamental do uso do relógio mecânico seria possibilitar a subdivisão precisa da hora em subunidades, os minutos, e depois a divisão deles em segundos. Daí em diante, os fenômenos naturais, bem como as atividades humanas, poderiam ser minuciosamente descritas e portanto reguladas e controladas em termos dessas minúsculas unidades fixas de duração. Alexandre Koyré assinala que, em um plano conceitual, a revolução do Renascimento pode ser descrita como uma mudança de cosmovisão, a passagem do mundo fechado do organicismo medieval para o Universo infinito do mecanicismo moderno.[7] Em um plano prático, porém, isso correspondeu à deposição da tradição escolástica de classificação formal e qualitativa dos seres em prol da ênfase na nova abordagem empírica e quantitativa dos fenômenos, ou seja, à passagem de um mundo do "mais-ou-menos" para um universo da precisão. Em mais de um sentido a evolução e difusão dos relógios mecânicos foi o principal agente dessa transformação revolucionária.

A precisão dos relógios mecânicos — e sua capacidade de medir durações cada vez menores — aumentou com a adição de diversos aperfeiçoamentos. Já em 1540 o artífice italiano Juanelo Torriano, ao receber a encomenda de um grande relógio planetário (que mostrava os movimentos celestes) para o imperador Carlos V da Espanha, levou vinte anos para cumprir a tarefa. Para isso ele desenvolveu um novo tipo de torno, que permitia o corte uniforme das engrenagens, melhorando o ajuste das peças e assegurando um funcionamento mais suave e exato do mecanismo. O torno de Torriano servia também para cortar parafusos — com os quais se podia fazer qualquer outra máquina. O relógio mecânico, portanto, é a mãe das máquinas, uma vez que induziu direta e indiretamente a elaboração de inúmeros outros aparelhos e instrumentos mecânicos.

No século XVII, o jovem Galileu Galilei fez uma descoberta notável: a duração das oscilações de um pêndulo não depende da amplitude (larga ou curta) de cada oscilação, mas somente do comprimento do pêndulo. Diz a lenda que, para medir a duração das oscilações de um grande candelabro em uma catedral de Pisa, durante a missa, Galileu teria usado como "cronômetro" as batidas de seu coração. Só tardiamente o próprio Galileu aplicou essa descoberta aos relógios mecânicos. Mas outros artesãos perceberam a conveniência de se usarem os períodos controláveis dos pêndulos para regular as passadas do escape.

Assim, em 1673, o holandês Cristiaan Huygens construiu um relógio de pêndulo muito aperfeiçoado, com precisão de menos de um minuto. Logo a seguir, em 1675, Huygens e o britânico Robert Hooke passaram a disputar a autoria de outro desenvolvimento importante, o da mola em espiral, que libertaria os relógios da queda de pesos, permitindo seu funcionamento contínuo por grandes períodos (bastando, é claro, dar corda) e também sua miniaturização (e futuramente sua portabilidade). Ao receber ponteiros de minutos e de segundos, os relógios passaram a exibir uma grande confiabilidade, o que ajudou a sedimentar a imagem de homogeneidade, universalidade e unicidade que se passou a emprestar ao tempo — em contraste com a variedade de ciclos com que os antigos tinham de lidar.[8]

De maneira análoga, a divisão do tempo em unidades breves permitiu uma revolução no estudo do movimento, ao abrir caminho para a concepção extraordinária — intuída por Galileu e formalizada por Descartes — do tempo como uma sucessão linear de unidades de extensão arbitrariamente pequena ou mesmo nula, os instantes. A imagem de uma linha de pontos de tempo, sua geometrização, foi um passo fundamental na elaboração da física newtoniana e, por conseqüência, de toda a ciência moderna.

Desde a ruptura renascentista tornou-se costume nomear de revolução copernicana os grandes abalos sofridos pela civilização ocidental. Freud, por exemplo, atribuiu a Copérnico, a Darwin e a si mesmo (como inventor da psicanálise) as três grandes "feridas narcísicas" que o Ocidente moderno foi obrigado a sofrer.[9] Para Koyré, todavia, seria mais apropriado o termo revolução galileana (ou kepleriana, para Arthur Koestler),[10] tendo em vista a contribuição verdadeiramente decisiva de Galileu Galilei para a vindicação do sistema heliocêntrico.[11] Mas o feito mais extraordinário desse gigante do pensamento talvez tenha sido promover a libertação do tempo.

Para os escolásticos, cultores do aristotelismo, o tempo era um atributo do movimento, um mero sintoma da transformação em curso em um dado fenômeno, e pouco dizia do que realmente importava, a essência formal do ser envolvido nessa mudança. Galileu, porém, seguiu uma orientação platônica. A partir de seus estudos empíricos sobre balística (dentre outras habilidades, ele era engenheiro militar) e queda dos corpos, e inspirando-se na observação das regularidades do pêndulo, ele empreendeu a elaboração de regras quantitativas (expressas, portanto, em linguagem matemática) para o próprio movimento (e não para as coisas que estão em movimento), correlacionando grandezas relevantes para a caracterização de cada evento particular — como velocidades, distâncias percorridas e durações. Ao incorporar as medições dos períodos dos acontecimentos às leis formais que doravante iriam descrevê-los, Galileu operou uma transmutação fundamental: de sintoma ou efeito do movimento, o tempo se exteriorizava, passava a ser uma referência externa, um descritor autônomo e independente para os fenômenos. O tempo libertara-se do movimento. Mal se podem imaginar as dificuldades excruciantes com que seu espírito se defrontou para lograr essa autêntica transição entre duas eras do pensamento.

Com Galileu o tempo adquiriu externalidade, mas foi Descartes quem lhe iria conferir um outro atributo valioso: a densidade. Se as etapas do movimento devem ser referidas a frações sucessivas de tempo, como compatibilizar a continuidade suave do deslocamento de um corpo com uma duração descontínua e segmentada? Dito de outro modo, como encaixar as "bordas" dos períodos consecutivos? O que se passaria nas extremidades de cada segmento unitário, e, pior ainda, entre elas? O mundo se desfaria para em seguida se reconstituir por inteiro? Para superar esses obstáculos Descartes propôs que a noção de unidade de tempo fosse levada ao limite infinitesimal, ou seja, as durações seriam contraídas até a aniquilação, até a extensão nula, o ponto. Assim iria se completar a vasta operação de geometrização do tempo. Identificado a uma linha de pontos, o tempo tornava-se denso — entre duas durações inextensas ou instantes sempre há um outro instante —, e portanto contínuo.

Newton recebeu essa concepção de um tempo linear, sucessivo e "instantanizado" e promoveu-a a um patamar ainda mais abstrato, ao afirmar que o tempo da Mecânica é universal, uniforme e absoluto — quer dizer, todas as regiões do espaço seriam englobadas pelo mesmo instante, os instantes se sucederiam sempre na mesma cadência (o tempo não se condensa nem se distende, não "acelera" nem "freia") e quaisquer observadores deveriam concordar quanto à duração que separa dois eventos dados. Todos os sistemas mecânicos periódicos poderiam ser eleitos como "relógios", em função de cujo ritmo a evolução de outros sistemas mecânicos seria descrita, como se de fato constituíssem encarnações distintas de um único relógio universal.

Os relógios, portanto, foram fundamentais no estabelecimento da concepção mecanicista do mundo natural, inclusive porque forneceram a metáfora nuclear dessa imagem de mundo: a de que o Universo seria comparável a uma grande máquina, a um vasto mecanismo cujo funcionamento é rigorosamente determinado (e por conseguinte inteiramente antecipável), em virtude da concatenação exata de suas peças, de suas partes simples.

A analogia não apenas privilegiou a postura analítica e reducionista que se tornaria típica do mecanicismo, como também deu lugar àquela que talvez seja a mais espantosa concepção de divindade jamais imaginada por qualquer sociedade humana: a do Deus relojoeiro que monta o mecanismo do mundo e depois se afasta, deixando o pobre aparelho entregue a si mesmo. Implícita nessa imagem maquinal do mundo está a idéia de determinismo, tão cara ao século XIX: nenhum acontecimento natural é "livre", cada parte da grande máquina universal está determinada, condicionada a mover-se em acordo com o movimento das outras peças; de tal modo que, se conhecemos uma configuração do conjunto das engrenagens em um dado momento, poderemos em princípio prever qualquer configuração futura, ou retroceder a qualquer configuração passada. Se conhecemos, por exemplo, a posição da Lua hoje, aplicando-se as leis da mecânica clássica, poderemos prever sua posição daqui a um mês, ou rever a posição que ela ocupava no mês passado, com a exatidão que desejarmos.

Assim, se fosse possível tirar fotografias da totalidade — recordemos que fotografias, antigamente, se chamavam "instantâneos" —, a história universal, a história do cosmo, poderia ser reduzida a uma série de "instantâneos", cada qual retratando uma dada configuração, uma dada distribuição dos corpos no espaço. Isso corresponde à idéia de que cada instante é universal, global, é o mesmo instante que está ocorrendo em toda parte, a mesma badalada ressoando em todos os confins do Universo. Não admira que se possa então conceber o Universo como uma máquina, um conjunto de engrenagens perfeitamente ajustadas e azeitadas que, ao se movimentarem, assumem de instante a instante uma disposição diferente. Talvez não seja inútil observar que, no âmbito do determinismo mecanicista (subjacente, como em seguida veremos, a nossos hábitos cronais), a vida, com seu repertório de contingências e imprevisibilidades, assume a feição de uma anomalia.

Tanto conceitual quanto tecnicamente, os relógios presidiram a entronização da cosmovisão newtoniana moderna (da qual somente em nossos dias, graças aos avanços das ciências contemporâneas, estamos começando a nos afastar). Em paralelo, introduziram também modificações profundas na vida econômica e social das populações. Com efeito, ao serem instalados nas torres das igrejas e em outros monumentos públicos, os relógios mecânicos libertaram os negócios humanos dos limites da natureza e passaram a ordenar toda a vida social e econômica das cidades à sua volta. Em particular, o tempo metrificado fornecido pelos relógios possibilitou que se quantificasse o trabalho humano. A atividade do trabalhador tornou-se também um valor conversível em dinheiro, referente à quantidade de horas (fixas) trabalhadas, permitindo a acumulação (e extração) de mais-valia. O capital — os recursos necessários para a realização de um certo empreendimento, inclusive o valor equivalente ao trabalho despendido — tornou-se fonte de mais capital. O relógio mecânico, portanto, foi o artefato mais importante para a constituição do capitalismo moderno.

Agora dispomos dos elementos de que historicamente nossa atual compreensão quotidiana do tempo se constituiu: linearidade, sucessividade, instantaneidade, unicidade, universalidade. Tratemos então de discutir a Imagem habitual — ou comum — do tempo.

O hábito cronal

Para nós, que vivemos cercados de relógios, o tempo metrificado — o conceito de uma sucessão de durações unitárias, mensuráveis e independentes que pode ser acompanhada por meio das pequenas algemas presas a nossos pulsos — parece completamente natural. Este tempo métrico encontra-se de tal modo embebido em nossas mentalidades, parece-nos ser uma entidade tão básica, tão fundamental, que podemos até acreditar não haver muito que se possa dizer sobre ele, exceto as trivialidades mais comezinhas. É com surpresa que nos damos conta de que a história demonstra ser esta uma invenção a que nos habituamos. De fato, é uma noção revolucionária em sua origem, posteriormente refinada por avanços técnicos e cada vez mais sofisticada conceitualmente. Ela tornou-se uma das pedras angulares da recente civilização ocidental, pois, sem o tempo métrico, a ciência, a tecnologia e a indústria — a sociedade contemporânea, em suma — poderiam nunca ter existido; de tanto generalizar-se, o tempo acabou por adquirir a "invisibilidade" do que é absolutamente comum.

Qual é, na realidade, a imagem do tempo dominante em nossos afazeres? Quais são as propriedades essenciais da temporalidade que vivenciamos na prática? A principal característica do tempo para nós é que ele passa. Detestamos a "pura perda de tempo"; "o tempo está passando", anuncia o locutor; "o tempo não pára", canta o poeta. Estamos plenamente convencidos de que o tempo é algo que flui, que há um agora movente, um presente móvel que vai se deslocando sem cessar, sempre no mesmo ritmo, do passado, do que já foi, para o futuro, o que ainda não é.

A realidade, os fenômenos e fatos que presenciamos só existem no presente instante, neste agora — o passado (os antigos presentes) já não é mais, o futuro (os presentes inéditos) ainda não chegou. Podemos então concordar — ou pelo menos admitir como hipótese — em iniciar a definição de nossa imagem habitual do tempo como correspondendo a uma série unidimensional de instantes, de pontos de tempo, cada um deles ocupado uma única vez por um "agora" que vai se deslocando "para a frente", desde um dado instante passado até um dado instante futuro. Ou seja, o tempo seria antes de tudo uma linha de instantes, estendendo-se do passado ao futuro, uniformemente percorrida pelo "agora", pelo momento presente.

Diversos atributos importantes e que raramente questionamos estão implícitos nessa concepção. Primeiramente, o fato de o tempo ser único — de concebermos um modo único e exclusivo de ir do passado ao futuro —, e por conseguinte universal. Um outro dado imediato e indiscutível de nossa experiência é que o tempo não volta — o presente, este determinado instante, uma vez decorrido não volta a acontecer. O tempo não retorna, mas flui em uma direção única, distanciando-se do passado e rumando para o futuro, inexoravelmente. Desse modo, ele é invariável e orientado. Ademais, todas as ações concretas ocorrem no presente momento, são no fundo instantâneas. Tudo se passa como se a realidade estivesse embarcada em um pequeno veículo, uma nave chamada "agora" ou "presente" que vai sendo empurrada sempre "para a frente" pela correnteza do rio do tempo, passando de um momento para outro, sem jamais se deter, acelerar ou retroceder.

Chegamos assim à idéia extremamente elaborada e mesmo abstrata que temos acerca do tempo: a da flecha móvel do tempo, de um presente móvel que se desloca linearmente em uma única direção e que preside todos os fenômenos, todo o Universo. O tempo cronal ou flecha móvel do tempo, eis a imagem dominante de que dispomos — ou que dispõe de nós — sobre a temporalidade em nosso quotidiano. Nela distinguimos com clareza os atributos herdados tanto do advento do relógio de precisão (linearidade, sucessividade, segmentação) quanto da cosmovisão mecanicista (unicidade, universalidade, caráter absoluto).

Ressaltemos, todavia, seu aspecto mais marcante, o do fluir direcional do agora a partir do qual definimos uma concepção bem específica de causalidade: há no tempo (ou seja, há no mundo) uma "boa ordem dos acontecimentos", um sentido correto para que os eventos-causa deságüem nos eventos-efeito — a direção que vai do ontem para o amanhã. Tão entranhada está em nossas mentalidades essa noção de uma ordem causal orientada que costumamos referi-la a uma faculdade subjetiva: o bom-senso. Privados dela, nos tornamos insensatos, desconhecemos o princípio essencial de que o fluxo do presente tem uma ponta assestada sempre para um mesmo alvo.

É então com autêntico pasmo que somos informados de que, para a ciência contemporânea, essa imagem, tão consolidada em nosso espírito e tão operativa em nossas atividades, carece de qualquer fundamento empírico, não corresponde a nenhum atributo objetivo do mundo natural. A "vívida sensação do fluxo do tempo"[12] seria nada mais que uma ilusão. Habituada à cronalidade, nossa mente não "apreende" o tempo, mas projeta-o sobre a realidade física, que ignora por completo o "momento presente movente" característico da imagem da flecha móvel do agora. Como essa conclusão insensata foi produzida? Por que a natureza seria acronal, privada da cronalidade que nos é tão cara? Quais as figuras de temporalidade privilegiadas pelas ciências de hoje?

Labirintos, bibliotecas e paradoxos

Desde o início o século XX testemunhou a realização de uma série de experimentos decisivos e teorizações audaciosas que acabaram por demonstrar a inadequação da abordagem newtoniana ou clássica com respeito a fenômenos que ocorrem em escalas (de comprimentos, durações ou velocidades) inumanas, estranhas à nossa percepção costumeira dos fatos, tais como as propriedades dos componentes microscópicos da matéria (moléculas, átomos, partículas), ou a estrutura do Universo astronômico (galáxias, grupos, aglomerados).

Esses novos domínios de investigação terão uma conseqüência deveras notável: a natureza deixa de ser monótona. Os avanços do presente século irão engendrar uma multiplicação, uma tripartição, dos modos de apresentação da natureza. Ou seja, a natureza apresentará distintos modos de ser de acordo com a escala do fenômeno investigado, aspectos diferenciados, de acordo com a escala enfocada, seja ela microscópica, clássica (que estamos "mamiferamente" equipados a experimentar) ou cosmológica, astronômica. Dependendo da escala que se considera, diferentes naturezas, ou seja, diferentes conjuntos de fenômenos, com suas relações típicas, seus caracteres próprios, irão se manifestar. Sendo assim, o mundo natural deixa de ser unânime, não é mais o mesmo em todas as escalas. Uma série de problemas interessantíssimos e revolucionários surgirirá a partir dessa constatação.

A Revolução Científica contemporânea — para usar a bem conhecida denominação de Thomas Kuhn —[13] motivou toda uma nova compreensão acerca da realidade física básica e acarretou a construção, atualmente em curso, de uma Imagem de Mundo renovada, profundamente original. Para que se pudessem descrever corretamente essas classes de fenômenos até então inacessíveis foi necessário proceder a uma revisão radical dos próprios princípios que fundamentavam o estimado paradigma mecanicista e circunscrever seu domínio de validade observacional.

Pode-se tentar resumir as conseqüências desse conjunto de inovações radicais sobre o panorama epistemológico da atualidade associando-as à introdução de um novo tipo de objeto do conhecimento — o objeto complexo, por referência ao que seria o objeto simples, típico da forma de conhecimento clássica vigente até o século XIX. Evidentemente a aparição do objeto complexo será correlata à constituição de uma nova noção de sujeito do conhecimento.

O objeto complexo perpassa os vários domínios ou modos de natureza, do mais elementar ao mais abrangente — e cada um deles parece se esmerar em nos surpreender. A microfísica quântica, na escala atômica, delineia uma matéria dessubstancializada, elusiva, eivada de paradoxos, em relação à qual o observador se torna um participador, configurando-se assim uma realidade elementar fundamentalmente incerta, na qual desaparece, por exemplo, a distinção entre corpúsculo e onda, entre corpo localizado e padrão extenso. A macrofísica relativística, na escala cosmológica, possibilitou a maior descoberta que o homem já fez sobre o mundo natural: a constatação de que habitamos e somos parte de um todo dinâmico, evolutivo, inacabado, em suma, de uma totalidade aberta, histórica, que tem também uma pré-história, ou seja, um contexto.

Tal concepção de um cosmo histórico coincidente com seu próprio contexto leva-nos a identificar o Universo como o próprio reino da complexidade. Ou ainda, no que podemos chamar de escala mesofísica, que experimentamos diretamente pelos sentidos, o estudo dos sistemas dinâmicos não-lineares leva à concepção de estados longe do equilíbrio, marcados pela imprevisibilidade, mas aptos a engendrar hierarquias sofisticadas de organização, bem como comportamentos ricos em potenciais de evolução, forçando assim o pensamento a abdicar da pretensão mecanicista de lograr um controle absoluto, correlato de uma previsibilidade sem limites, sobre os processos do mundo natural.

A imagem que decorre da aparição do objeto complexo é a de um novo jogo da natureza, que inclui uma outra relação entre duas noções tradicionalmente tratadas como opostas e excludentes: ordem e desordem. O conceito de ordem sempre foi pensado como um estoque primordial de organização de que algum deus dotou o mundo para que ele viesse a ser. Já a desordem nada mais seria do que o desvio, a perversão, a degradação ou ruína da ordem. A introdução da noção de objeto complexo no domínio das ciências naturais nos obrigaria a pensar, não mais uma contradição, mas uma complementaridade, uma compossibilidade entre esses dois termos, entre ordem e, se quisermos, caos. De tal maneira que a imagem típica que hoje podemos traçar do objeto complexo é a de um labirinto — um domínio de ser que, embora hospede a casualidade mais extremada e irredutível, expressando portanto um acaso imperador, simultaneamente se constitui no reino da mais rígida necessidade.

No âmbito da totalidade complexa e evolutiva, as formas tornam-se cambiantes. Em vez de um repertório limitado de tipos de existência, há campos de individuação em que a vida pode acrescentar novos modos de existir àqueles de que já dispõe. Da mesma forma, o tempo deixa de ser uma flecha única global e se torna, ele mesmo, um labirinto, uma trama, um tecido de nodos singulares.

Efetivamente, do ponto de vista de uma filosofia natural da temporalidade, o principal resultado advindo dos planos epistêmicos associados ao objeto complexo é o de se evidenciar uma pluralidade de modos de temporalização, de múltiplos tipos de "tempo", cada qual emergindo de um domínio distinto de investigação da realidade natural. A imagem totalitária (totalizante e unitária) do tempo cronal fragmenta-se em um mosaico de figuras de tempo díspares, tanto micro quanto macroscópicas, tanto elementares quanto continentes. Na verdade, ela mesma pode ser encarada, doravante, como uma espécie de efeito de superfície suportado por um compósito de temporalidades heterogêneas.

De acordo com a labiríntica Imagem de Mundo da Complexidade derivada dos novos paradigmas quânticos, relativísticos e não-lineares, a cada escala ou dimensão fenomênica está associado um certo modo de organização característico, que é necessariamente permitido e fundamentado pelo nível precedente do "estrato" (ou não ocorreria), mas não é determinado por ele. A analogia apropriada aqui não é mais a dos mecanismos, e sim a da linguagem, ou, como preferiria Borges, a da literatura.[14]

Tomemos o exemplo do alfabeto e dos símbolos de pontuação. As letras compõem fonemas, que formam palavras, que se encadeiam em frases, que se encaixam em parágrafos, que integram textos, que são parte de volumes, que se distribuem, enfim, pela vasta biblioteca que contém tudo o que é dizível. O aspecto significativo é que cada nível de integração possui sua própria regra: as leis da sintaxe (que regem a articulação entre palavras) são possibilitadas pelas leis da fonologia (que presidem a composiçao dos fonemas), mas não se reduzem a elas, senão haveria um único estilo de fala e escrita. Do mesmo modo, o mundo natural configura uma hierarquia complexa, uma pirâmide da complexidade (segundo a bela metáfora de Hubert Reeves):[15] das partículas elementares passamos aos núcleons, aos núcleos, aos átomos, às moléculas, às substâncias, às estrelas, às galáxias, aos aglomerados, ao cosmo.

Por sua vez, cada modo de organização se exprime por um modo de temporalidade. Assim, os diversos atributos que identificamos na formação do tempo métrico poderão, de acordo com a escala ou o domínio envolvidos, estar presentes ou não. Iremos então examinar, procedendo segundo uma progressiva retirada de propriedades, um esquema para a hierarquia de temporalidades proposto pelas ciências contemporâneas.[16]

Hierarquia de temporalidades

Flecha móvel do tempo (cronalidade)

- *Tempo da cultura*: pressupõe linguagem, memória e expectativa. Tempo da subjetividade projetado sobre o mundo natural. Atributos: continuidade, unidimensionalidade, unicidade, universalidade (globalidade e externalidade), metricidade, orientação, momento preferencial (presente), mobilidade do agora.
- *Tempo da biologia*: sem linguagem, sem mobilidade do agora. Tempo com presente. Distinção passado/presente/futuro (mas sem o fluxo do "agora").
- *Tempo termodinâmico*: sem presente. Tempo orientado; primeira noção "física" de tempo. Irreversibilidade.
- *Tempo newtoniano*: sem orientação. Tempo intrinsecamente reversível das leis da mecânica. Medição de intervalos entre eventos.
- *Tempo da relatividade espacial*: sem unicidade. Abolição da simultaneidade. Unificação espaço-tempo.
- *Tempo cosmológico*: sem externalidade (dinamicamente determinado pela teoria).
- *Tempo próprio da relatividade geral*: sem globalidade espacial.
- *Tempo paramétrico da relatividade geral*: sem metricidade.
- *Não-tempo*: não há modo de determinar separações temporais entre eventos. "Tempo" em cosmologia quântica.

Como se pode ver, são invocadas muitas noções de tempo distintas: o próprio termo "tempo" perde sua univocidade. A primeira observação que extraímos da classificação é que a "vívida sensação do fluxo do tempo" surge exclusivamente para os sujeitos sociais que somos. Mesmo a biologia não tem uso para o fluir do agora. Permanece, para os sistemas biológicos, a distinção tradicional entre passado, presente e futuro, mas o presente dos seres vivos não viaja do ontem para o amanhã. De fato, sua função é conectar o passado com o futuro do ser vivo; nesse sentido, o presente biológico pode ser modelado por uma das grandes invenções da natureza, a membrana.

A primeira imagem que temos da membrana é a de um operador espacial (ou mais exatamente topológico): ela serve para separar o dentro e o fora do ser vivo. Mas a vida só funciona pelo desequilíbrio entre suas matérias organizadas e o meio; assim, é primordial que a membrana sirva também para relacionar, para pôr em contato; ela é aquilo que cria simultaneamente um dentro que é o ser próprio do vivo, é o passado do vivo, e um fora, que circunda o vivo e lhe fornece um contexto, é o futuro do vivo.

A membrana, portanto, opera sobre as dimensões do tempo. É um operador temporal, um presente em que se enraízam, se encontram e se desdobram o passado e o futuro. O passado do ser vivo viaja com ele, não é uma coleção inerte de "antigos presentes". No núcleo de cada célula está escrito, em caracteres químicos, o manual de instruções para a produção do próprio ser vivo. A membrana permite assim que o futuro do ser vivo — as vicissitudes experimentadas por ele em seus encontros pelo ambiente afora — atue sobre o seu passado, sobre aquilo que define o que ele é. O ser vivo é matéria que, além de se repetir, aprendeu a diferençar-se pela invenção de um modo de temporalizar — a interpenetração do passado e do futuro no presente — que a vida engaja para se des-envolver, sintetizando o tempo interior e microscópico do genoma com o tempo exterior e macroscópico da seleção natural.

No âmbito da física, a mobilidade da flecha do tempo cronal — significando implicitamente que o fluxo do agora do passado para o futuro tem uma direção — é deslocada da superestrutura do Universo para a mente humana, carecendo de "objetividade": a mente participa de uma atividade "não-laboratorial", a projeção da sensação psicológica do "tornar-se" sobre a realidade física. O "momento presente movente" é desse modo confundido com uma noção fisicamente objetiva: a da assimetria do tempo.

Há aqui um ponto fundamental: o caráter assimétrico diz respeito à direcionalidade da flecha, ou seja, à distinção das orientações do tempo — para o passado e para o futuro são orientações fundamentalmente distintas, mas essa propriedade é completamente independente do "movimento do agora". Qual a origem dessa flecha imóvel? Reconhecemos tal distinção estrutural entre orientações — para o passado e para o futuro — dos conteúdos do mundo quando há variação da organização do sistema físico ao longo de um processo.

Consideremos dois corpos entre os quais ocorra uma troca de calor. Esse processo é irreversível: o corpo quente esfria, o corpo frio esquenta, até que estejam ambos à mesma temperatura. Jamais sucede a situação inversa, nunca vemos dois corpos em equilíbrio diferençarem espontaneamente suas temperaturas. O processo evolui de uma situação de heterogeneidade (há desigualdade entre os corpos) para uma de homogeneidade (os corpos estão termicamente equivalentes). Ou, dito de outro modo, de um estado mais estruturado, mais ordenado, para um menos estruturado, mais desordenado. A célebre segunda lei da Termodinâmica dá conta precisamente dessa tendência à desorganização em sistemas isolados (no equilíbrio). Podemos então distinguir entre um antes (o estado mais ordenado) e um depois (o menos ordenado), mas essa assimetria é agora o resultado de um processo. A distinção entre antes e depois, a assimetria, exprime uma propriedade coletiva de sistemas físicos, e não uma propriedade do tempo.

Igualmente importante é a observação de que, nesse novo contexto, cada processo engendrará uma assimetria, ou seja, um modo próprio de temporalidade. Ademais, de acordo com a variação de ordenação que experimentarem (menos → mais ou mais → menos), diferentes sistemas ou subsistemas poderão até mesmo exibir orientações inversas entre si, de modo que a flecha do conjunto será a síntese de uma trama de "subflechas" não necessariamente colimadas, isto é, co-orientadas.

A realidade pode então ser comparada a uma tessitura de fios de tempo cujo entrelaçamento produz um desenho global, uma figura-síntese que seria a matéria-prima efetiva da apreensão da diferença entre antes e depois que é o elemento verdadeiramente crucial de nossa experiência do existir. O afastamento da imagem habitual do tempo é radical: a assimetria imóvel dispensa os atributos de univocidade (pois as assimetrias serão tantas quantos os processos físicos que as fomentam), sucessividade (a distinção entre antes e depois admite, mas não requer, a separação em dimensões consecutivas de passado/presente/futuro), universalidade (as assimetrias são localmente determinadas) e, naturalmente, mobilidade do agora (já que não há "agora").

O tempo newtoniano — a noção de tempo presente nas leis da mecânica clássica — tem os atributos que já conhecemos: é universal, uniforme, absoluto, linear e instantâneo. Como em cada instante haverá uma dada distribuição de corpos ao longo do espaço, o "transcurso do tempo" — a duração de um dado acontecimento, por exemplo — será caracterizado pela diferença na distribuição espacial dos objetos. Assim, qualquer movimento escolhido como padrão pode ser "abstratizado" para adquirir a função do "relógio cósmico", que fornecerá uma medida absoluta (global, única e independente) para os intervalos entre instantes e para o qual as leis da mecânica assumirão a forma mais simples. Todos os relógios, uma vez sincronizados, manterão perpetuamente esse sincronismo, concordando em assinalar o mesmo instante, independentemente de suas localizações ou de seus movimentos.

Como as leis da mecânica, contudo, dependem apenas da extensão da separação temporal entre dois eventos quaisquer, o tempo newtoniano é intrinsecamente reversível, ou seja, não é orientado, não define um sentido absoluto entre passado e futuro. Cada estágio da "história cósmica" (as mudanças na constelação dos corpos) determina (e é equivalentemente determinado por) todos os estágios precedentes e subseqüentes. Na verdade, é discutível a aplicação do termo "história" — à medida que ele denota uma autêntica progressão evolutiva dos sistemas materiais — ao cosmo mecânico. Daí a inumanidade da imagem de mundo mecanicista. Borges recorda a perplexidade angustiada de Pascal ao se dar conta da suprema indiferença dessa concepção: se o espaço é infinito, a rigor não há um "onde"; se o tempo é infinito, a rigor não há um "quando". Quem somos, então?[17]

As teorias da relatividade de Albert Einstein fornecem os meios de tratar tanto os processos físicos mais fundamentais (a Relatividade Especial) quanto os mais abrangentes (a Relatividade Geral). As figuras de "tempo" que ambas oferecem parecem de tal modo paradoxais para nosso senso comum que se torna lícito duvidar se nossos cérebros de mamíferos teriam capacidade de representá-las de outro modo senão por conceitos abstratos, expressos em linguagem matemática. Para as criaturas eminentemente visuais que somos, tal impossibilidade de representação imagética é terrível: as essências dos conteúdos do mundo destacam-se definitivamente de suas aparências. Apolo, o deus das formas, desertou de nós.

A Relatividade Especial é uma nova teoria da relação entre observadores. Ela subordina-se ao princípio pelo qual as leis físicas devem ser indiferentes ao modo particular de cada observador proceder à etiquetação dos fenômenos físicos segundo medidas de distância e duração. A conseqüência disso é devastadora: as medidas de distância (que definem o espaço) e de duração (que definem o tempo) não são mais absolutas. Seus valores deixam de ser os mesmos para todo observador, ou seja, cada observador recorta de um modo próprio, relativo ao seu "ponto de vista", a massa de acontecimentos do mundo. E esses recortes individuais, a espacialização e a temporalização que os observadores realizam sobre seus dados, são meras perspectivas irrelevantes para a descrição concreta desses acontecimentos. O que importa são as relações invariantes (que têm o mesmo valor para qualquer observador) que possam ser construídas com esses dados — como a velocidade de propagação da radiação eletromagnética no vácuo ou velocidade da luz — que irão governar a comunicação entre os observadores e determinar uma estrutura causal única para o mundo.

De imediato fica abolida a noção de simultaneidade universal. Eventos que são coincidentes para um observador serão descompassados para outros. Mas isso significa que, em geral, a separação temporal — a duração — entre dois eventos dados dependerá do observador. Os intervalos de tempo medidos por um observador se dilatam ou contraem com respeito às medidas de outro (o mesmo vale para as distâncias, as separações espaciais). A dilatação dos tempos (bem como a contração dos comprimentos) é um fato concreto, determinado com grande precisão nos laboratórios. Mas o tempo relativístico, maleável e individualizado não mais constitui uma regra métrica unânime que abrange a totalidade da existência, isto é, acabou-se o instante global. O famoso paradoxo dos gêmeos ilustra a ruptura das noções relativísticas com o velho bom senso.

Os gêmeos X e Y têm, obviamente, a mesma idade. X permanece na Terra, enquanto Y empreende uma viagem espacial em uma nave muito rápida (capaz de mover-se quase à velocidade da luz). Para X, a viagem do irmão dura dez anos, ao longo dos quais seu coração bateu cerca de 36 milhões de vezes. Para Y, contudo, a viagem demorou um ano, e seu coração bateu 3,6 milhões de vezes. Ao se reencontrarem, X não apenas parece, mas realmente está nove anos mais velho que seu irmão.

A multiplicação dos tempos — e a flexibilidade relativa entre eles — ainda não é, contudo, o aspecto mais paradoxal da temporalidade relativística. Para nós, é indiscutível a distinção de natureza entre distâncias e durações, entre espaço e tempo. Para a Relatividade, a distinção é mais uma vez dispensável. Uma dada grandeza de um fenômeno que o observador mede com uma régua e define como um comprimento, outro observador poderá medir com um relógio e definir como uma duração. Inaugura-se do mesmo modo a possibilidade de conversão mútua entre massa e energia, expressa na célebre fórmula $E = mc^2$. Em resumo, as distinções entre tempo e espaço e entre corpo e movimento tornam-se fisicamente irrelevantes.

A formulação mais apropriada para as leis da natureza não é mais o cenário newtoniano de três dimensões espaciais e uma dimensão temporal, essencialmente distintas e autônomas, mas o chamado continuum quadridimensional ou espaço-tempo de Minkowski, a coleção causalmente ordenada de eventos (acontecimentos no espaço e no tempo) registrados por classes de observadores, cada qual construindo seu "aqui-e-agora" particular. O "tempo" converte-se assim em uma simples medida de um parâmetro. E de constituinte fundamental da realidade física passa a ser tão-somente um resultado do sistema de instrumentos de um observador.

A formulação de Minkowski, porém, não pode ser representada visualmente. Consideremos um exemplo básico, o da propagação da luz. De acordo com nossa perspectiva "espaço e tempo", quando acendemos uma lâmpada, o que "vemos" é uma esfera luminosa se expandindo (ocupando diferentes posições em diferentes momentos). Na linguagem "espaço-tempo", este fenômeno é descrito por uma pura forma geométrica correspondente à figura de um cone em quatro dimensões: não há movimento algum. A evolução natural não parece ter dotado os centros visuais de nosso cérebro com a capacidade de figurar objetos quadridimensionais, tais como os chamados hipercubos ou tesseracts. O espaço-tempo pode ser concebido e compreedido, mas não pode ser visto. Quem sabe, no futuro, um artista pós-mamífero se tornará o Giotto dos tesseracts?

Max Born avaliou a teoria da Relatividade Geral como "o maior feito do pensamento humano sobre a natureza, a mais impressionante combinação de penetração filosófica, intuição física e habilidade matemática".[18] Procurando generalizar a aplicação do princípio de invariância das leis físicas (ou seja, tais leis devem ser expressas por relações matemáticas manifestamente independentes do particular procedimento de etiquetação dos eventos físicos adotado por um observador qualquer),[19] Einstein terminou por promover uma fecunda e completamente imprevista combinação entre a interação gravitacional (a força universal de atração entre as massas, descoberta por Newton) e a estrutura geométrica do espaço-tempo (que agora constitui, como vimos, o cenário básico global para a descrição dos eventos físicos). Os campos gravitacionais gerados por uma dada distribuição de matéria-energia serão associados de maneira não-linear a tensões do tecido espaço-temporal, como se a estrutura geométrica do mundo fosse elástica. A gravidade (força) se identifica às deformações do espaço-tempo (geometria).

A descrição aperfeiçoada dos movimentos do Sistema Solar garantiu à Relatividade Geral o estatuto de quadro conceitual de fundo para a investigação do Universo astronômico. Coube-lhe sobretudo assimilar a extraordinária observação de Hubble acerca do afastamento uniforme das galáxias, para muitos a maior descoberta já feita pelo homem sobre o mundo natural: o Universo encontra-se em um estado dinâmico de expansão global, o que significa que a totalidade pode ser observada.

Duas conseqüências dessa descoberta que inaugurou a atual cosmologia relativística, são particularmente notáveis: primeiro, a aparição de uma nova figura de totalidade, o espaço-tempo da Relatividade Geral, que, pelas equações de Einstein, se articula não-linearmente com a distribuição de matéria-energia em escala cósmica; espaço-tempo-matéria-energia: eis a nova face do Todo, do tudo-o-que-existe. E segundo, a elaboração de uma história térmica do material cósmico desde uma explosão primordial, um prodigioso momento cosmogônico (o Big Bang) que assinalaria a entrada em existência do próprio Universo; portanto, o Todo é evolutivo.

Se o Universo é histórico, pode-se então definir um tempo cosmológico associado à expansão cósmica. Esse tempo, porém, é privado de externalidade — já que é o resultado da interação entre a configuração global de matéria-energia e o tecido do espaço-tempo, e se refere a uma classe especial de observadores ditos co-moventes. Na Relatividade Geral trabalha-se pelo menos com duas noções de tempo: o tempo próprio que cada observador emprega para comparar de maneira invariante intervalos temporais (mas que carece de globalidade espacial, visto depender da própria estrutura métrica local); e o tempo paramétrico ou coordenada-tempo, que possui globalidade, mas não metricidade (não permite uma medida invariante de intervalos) e pode ser reescalado de ponto a ponto (ou seja, há infinitos tempos paramétricos equivalentes). O tempo paramétrico constitui a noção mais rudimentar que se pode associar ao termo "tempo": uma simples linha contínua.

Apesar dos triunfos da cosmologia relativística, desde os trabalhos pioneiros de Einstein, Friedman, Eddington e outros, o programa cosmológico contemporâneo de construção de uma racionalidade matematizada para o Universo físico ainda envolve dificuldades técnicas, filosóficas e mesmo lógicas (como está indicado pelo teorema de Gödel sobre sistemas formais privados de contexto). Por exemplo, se o cosmo relativístico se identifica à totalidade dos eventos físicos, parece razoável definir-se "existir" por "acontecer no espaço e no tempo". Mas a própria Relatividade Geral, fundamento conceitual de tal programa, prevê a possível ocorrência de situações paradoxais, em que entidades bizarras escapam de nossa capacidade de representação espaço-temporal — buracos negros (sorvedouros de que nada escapa), buracos brancos (nascedouros em que nada penetra), horizontes causais (que desconectam regiões do espaço-tempo entre si), "torpezas" topológicas ("fraturas" do tecido geométrico), e assim por diante.

Qual o estatuto de existência dessas configurações peculiares? Seria talvez necessário invocar uma modalidade ainda mais abrangente de "realidade" que subsumisse igualmente essas entidades exóticas — que, embora postas em cena pela próprias regras do jogo, acabam por se evadir de nosso domínio de representação? Ou tal impasse estaria a sugerir uma crise dos próprios fundamentos metacosmológicos em que se apóia a cosmologia clássica — que, assim, demandaria uma profunda crítica da razão cosmológica?

Talvez, para nossa perspectiva lastreada no bom senso de cada dia, a possibilidade mais perturbadora oferecida pelas abordagens relativísticas seja a admissão de que ocorrem circuitos cronológicos fechados, ou seja, caminhos que podem se voltar sobre si mesmos no espaço e no tempo, de tal modo que prosseguir rumo ao futuro não significa necessariamente afastar se do passado. Caso existam de fato (no momento só sabemos que não são impossíveis), essas curvas "fechadas" romperiam com um dos atributos mais estimados de nossas figuras tradicionais de tempo, a globalidade temporal: caminhos de objetos físicos devem ser monótonos, ou seja, cruzar um ponto do espaço-tempo uma e apenas uma única vez. A presumível viabilidade física de tais "viagens no tempo", para além de proporcionar material saboroso para ficcionistas, coloca problemas agudos para nosso entendimento sobre a causalidade, como em paradoxos do tipo: o neto viaja no tempo e mata o avô; mas então não haveria neto para matar o avô; mas então o avô não morreria; mas então poderia haver um neto que o matasse, e assim por diante.

A exploração do nível mais básico de nossa hierarquia de temporalidades — que denominamos de "não-tempo" — é sem dúvida a mais árdua, por ser também a mais incompleta. Trata-se dos esforços para fazer convergir as duas grandes teorias físicas do século XX: a Relatividade e a Física Quântica (teoria que descreve o comportamento da natureza em escalas microscópicas). Motivada por uma inconsistência entre as teorias clássicas sobre a estrutura da matéria e a natureza da luz, a introdução da surpreendente noção de quantum implicou uma transformação radical dos princípios da observação (operações de medida), a partir da extraordinária descoberta de Planck de que o mundo microfísico manifesta uma dupla atomização: matéria e energia são ambas atomizadas, ou seja, seus elementos são unidades inteiras, quer de corpo (partículas materiais), quer de atividade (os quanta de ação).

É muito fácil conceber pacotes unitários de matéria. Mas a idéia de pacotes unitários de movimento simplesmente não tem precedentes. As ações que um átomo exerce sobre um outro para formar uma ligação, por exemplo, não seriam contínuas, de modo que este outro mude continuamente de movimento. Ao trocarem pacotes de atividade de tamanho fixo, as ações dos átomos se tornam brutais, disruptivas, como se eles saltassem diretamente de um estado de movimento para o outro, sem realizar os valores intermediários. Essa é uma idéia que a nossa experiência sensível nunca nos proporcionou. Há no mundo microscópico um traço distintivo que o torna completamente diferente do que experimentamos em nosso mundo clássico. "Ninguém compreende a física quântica!", exclama Richard Feynman (um de seus grandes desenvolvedores).[20] Embora seja a mais bem verificada teoria já elaborada sobre o mundo físico, suas noções parecem saídas das páginas de *Alice no País das Maravilhas.*

Ora, uma vez que a perturbação mínima que se pode exercer sobre um dado sistema é fazer incidir sobre ele um quantum de ação, o próprio processo de conhecimento (a medição de propriedades desse sistema) envolverá uma intervenção inevitável e indeterminável que altera justamente o que se quer conhecer. Deve-se assim abandonar a pressuposição tradicional de que o ato experimental poderia sempre ser "suavizado", de modo a permitir a descrição, com precisão ilimitada, de todas as variáveis desejadas.

Mesmo o mais sofisticado dos aparatos de medida concebíveis não poderia extrair senão uma parcela limitada de informação necessária para determinar, à maneira clássica, a evolução do microssistema. A introdução dessa indeterminação na instância fundamental dos microbjetos é equivalente a uma aleatoriedade básica, inerente a todos os eventos em escala microscópica. Essa forma extrema de casualidade e a conseqüente previsibilidade limitada, tão-somente estatística, de nossa apreensão do micromundo devem ser encaradas como "fatos da natureza", à medida que constituem características essenciais e incontornáveis de nosso conhecimento da natureza consubstanciadas no princípio da incerteza, de Heisenberg.[21]

Na perspectiva quântica, portanto, os microbjetos — moléculas, átomos, núcleos ou partículas elementares — não possuirão propriedades continuamente estáveis e definidas. Por exemplo, de acordo com a pergunta (isto é, o tipo escolhido de aparato de medida) dirigida a um microbjeto, este se apresentará ora como um corpúsculo (evento localizado), ora como uma onda (padrão extenso). Não há sentido em procurar conceber o que seria o microbjeto em si. Dentre um sortimento de potencialidades ou estados virtuais, só se poderá saber que configuração irá se manifestar a posteriori da experimentação.

O que chamamos de "mundo objetivo" seria, então, a expressão macroscópica de uma trama de relações quânticas microscópicas que não padecem, elas mesmas, de "objetividade". Como as leis quânticas incidem sobre as probabilidades que uma dada configuração tem de ser efetivada, a noção de realidade se desdobrará em duas modalidades: uma realidade existente, constituída por indivíduos já definidos, e uma pré-realidade potencial, domínio de processos de individuação. Para além — ou aquém? — da realidade atual efetiva, as regras quânticas governam o possível. Certas metáforas tradicionais tornam-se inúteis, e a contradição entre ser e não-ser não mais poderá ser representada pela oposição entre cheio e vazio.

O vazio quântico, com efeito, se identificará menos com uma nulificação por carência de acontecimentos, por privação de ser, do que com uma matriz labiríntica em que subsistem todos os possíveis mundos — virtualidades pré-individuais que um golpe do acaso ou um lance de dados converterão em atualidades necessárias. Atualmente os cosmólogos consideram ultrapassada a versão simplista, muito popular nas últimas décadas, que atribui a origem do Universo a uma singularidade inicial clássica, isto é, não-quântica (o Big Bang no sentido estrito), momento rigorosamente indescritível em que todas as grandezas físicas teriam valor infinito.

Delineia-se hoje uma nova proposta de matriz para o cosmo: exatamente o vazio quântico, estado fundamental dos campos físicos que, tendo por motor a aleatoriedade da incerteza, se atualizaria em um multiverso do qual a estrutura clássica que hoje identificamos — o nosso uni-verso — seria tão-somente uma das possibilidades de expressão. A introdução de tal matriz cósmica — estado autenticamente primordial, no qual ainda não se desdobraram as dimensões métricas nem se distinguiram as linhagens de matéria — vem renovar radicalmente o estudo das características da totalidade: o Todo evolutivo que tem história também é dotado de uma pré-história, ou seja, de um contexto.

Dada a incerteza inerente aos processos quânticos, a geração de formas e a produção de ordem terão aqui um caráter impossível de se predizer, embora ainda seja dizível. Que o disparador da atualização dos múltiplos mundos seja o puro acaso, isso apenas dramatiza a entrada em cena do conceito de uma totalidade aberta, de um Universo contextualizado, incorporado a um plexo ulterior de relações que o abrange e ultrapassa, figura que só tem análogas no campo da arte.

Com relação ao problema da imagem quântica do tempo, desde logo percebemos que dançamos à borda de abismos. O exame das leis quânticas que regem os processos fundamentais — o movimento de um átomo, por exemplo — nos revela que átomos individuais não experimentam a assimetria do tempo. A descrição quântica desse fenômeno elementar não invoca uma flecha orientada segundo um antes e um depois. Confirma-se assim a idéia de que a assimetria do tempo é uma propriedade emergente, uma qualidade coletiva de sistemas não-simples.

Na verdade, a chamada não-separabilidade dos eventos quânticos — contestada por Einstein, formulada por Bell e comprovada por Aspect —[22] pareceria indicar (e o condicional entra aqui pela extrema dificuldade de se conciliar essa evidência com o nosso modo quotidiano de pensar) que os microbjetos são indiferentes a separações espaciais ou a intervalos temporais. Diversas interpretações podem ser atribuídas a essa observação. Contentemo-nos em registrar que, invertendo (e subvertendo) o velho lema de Lavoisier, um corpo poderia ocupar dois lugares ao mesmo tempo.

O substrato pré-individual da "realidade" quântica prescindiria assim de qualquer figura de temporalidade. Com efeito, os esboços até aqui elaborados de uma cosmologia quântica que presidiria o engendramento e a aparição não apenas das matérias, os personagens do mundo, mas também da estrutura métrica espaço-temporal, o cenário do mundo, parecem dispensar inteiramente todo parâmetro temporal. Isso levou Penrose a observar que o grande problema que a física deverá proximamente enfrentar será precisamente o da gênese da temporalidade: "Em minha opinião, nosso quadro atual da realidade física, em particular em relação à natureza do tempo, deverá sofrer uma boa sacudida — talvez maior mesmo que a provocada pela Relatividade e pela Mecânica Quântica de hoje."[23]

Que metáfora nos permitiria modelar uma Imagem, ainda que meramente aproximada, de tal cosmogonia quântico-relativística, domínio em que imperaria um não-tempo? Como conceber tal estado pré-individualizado de ser que incorporaria tanto a abolição quanto a fecundação do tempo? Como representar essa biblioteca multiversal, labirinticamente paradoxal, infinitamente virtual? Quem sabe, de modo tentativo, tomando-se de empréstimo uma figura da filosofia medieval cristã, a *complicatio*, forma de "eternidade" em que estão em dobradura todas as possíveis dimensões ou fases do ser e na qual o passado, o presente e o futuro ainda estão implicados, dobrados juntos, coincidentes, não distinguíveis — tal como as pétalas do botão de uma rosa por vir.

De todo modo, é lícito suspeitar que a linguagem e o modo de pensamento de que as ciências físicas se serviram até aqui (com tão significativo sucesso) podem estar em vias de encontrar seu horizonte. Talvez estejamos a ponto de nos defrontar com a necessidade imperativa de substituir o dialeto newtoniano em vigor há três séculos, para que o novo problema — de onde emergem os tempos? — possa ser eficazmente tratado.

> Vivemos drogados de semelhança e de reversível. Nos precipitando na reversibilidade, nossas sociedades de trabalho e repartição de horas e dias tentam nos roubar a morte e nos fazer esquecer ou perder nossos muitos Tempos.[24]

Um atributo próprio de nossa época é a aceleração. Com efeito, seu traço distintivo com respeito a outros períodos históricos não seria o poder de deslocar grandes massas materiais (o que os povos antigos já faziam), mas manipular instantaneamente, sem qualquer retardo apreciável, quantidades maciças de informação. O século que se encerra testemunhou o surgimento e a difusão de próteses de inteligência — objetos técnicos dotados de larga capacidade de processamento de informação — que vieram suplementar as próteses de movimento e sensibilidade geradas pelas eras tecnológicas anteriores. O suporte empírico do processo de integração desterritorializante que procuramos apreender sob o termo globalização, por exemplo, seria justamente o complexo mundial de redes telemáticas operando em tempo "real", global, porque instantâneo.

Multiplicam-se assim, em quantidade e variedade, os fluxos de objetos técnicos que atravessam o corpo das sociedades atuais, induzindo a constituição de um inédito campo de mediação generalizada, em cujo centro está instalada a própria tecnologia. A principal conseqüência desse processo de tecnificação cada vez mais abrangente é pôr à prova a solidez dos sistemas tradicionais de valores, obrigando-os a passar por um regime de reajustes tão incessante quanto indeterminado.

A aceleração consiste, antes de mais nada, em uma operação temporal: a intensificação de ritmos culturais, individuais e mesmo orgânicos, encarnada na crescente interpolação de interfaces sucessivas de integração (geratrizes de novas relações e conexões) entre a interioridade e a exterioridade dos agentes sociais — indivíduos, comunidades, massas. Ultrapassando os limites que antes demarcavam o natural e o artificial, o objetivo e o subjetivo, a generalização da mediação técnica acarreta transformações profundas nos modos de estruturação das atividades produtivas contemporâneas. Trata-se doravante do poder de agir em domínios virtuais, lembrando Maquiavel e a *virtú* como potência.

Orientando os eixos da inovação econômica, a tecnociência regula a produção concreta de bens e artefatos por meio da contração dos ritmos dos sistemas de organização da produção. Tal como o corpo vivo está em vias de se tornar matéria-prima para as intervenções da biotecnologia, a organogênese atualmente em curso, lastreada na complexificação técnica, desenha novas linhas de tempo, pelas quais o bioma pensante que habita a espaçonave Terra haverá de se reestruturar.

Desse ponto de vista, o império da Imagem habitual do tempo — o apego ao "bom senso" cronal refutado pelas ciências contemporâneas — deixa de ser uma simples "ilusão" mistificadora e passa a ser encarado como uma evidência de complexidade. À hierarquia de modos de organização naturais (e técnicos) corresponderiam diferentes "tempos", para diferentes níveis de inventividade e de geração de novas formas. Do mesmo modo, a diversidade de noções de tempo na Ciência constituiria um índice da dificuldade grandiosa dos problemas envolvidos.

Se nos for permitido um atrevimento desmesurado, lembraríamos que os gregos, que tinham deuses para tudo, legaram-nos três divindades para a temporalidade: Aiôn (a "eterna presença", a perenidade imóvel que abarca o passado e o futuro), Cronos (o deus das sucessões dinásticas, que encarna a "consecutividade" das épocas) e Kairós (o deus das encruzilhadas, das bifurcações que se abrem para diferentes futuros, portanto, o deus do "momento oportuno" de que se aproveita o artilheiro na área). Talvez nossa época esteja testemunhando o deslocamento do foco da pesquisa sobre a temporalidade, de Cronos para Aiôn e Kairós.

O programa de pesquisa para o próximo século inclui pelo menos dois problemas de fundo: determinar a natureza desta matéria pensante que somos e compreender a natureza dos tempos. Como diria Borges, "Quem os houvesse comparado teria visto que eram essencialmente iguais".[25]

Notas

1. Albert Einstein e Michele Besso, *Correspondence 1903-1955*, Paris, Hermann, 1972, citado em Ilya Prigogine, *From being to becoming I*, Nova York, W. H. Freeman, 1980, cap.9.

2. Alberto Lef, sugestão de argumento para o programa *Globo Ciência*, inédito.

3. Giorgio de Santillana e Hertha von Dechend, *Hamlet's Mill*, Boston, David R. Godine, 1983, "Introdução".

4. Jorge Luis Borges, "Una vindicación del falso basílides", *Discussión*, Buenos Aires, Emecé, 1983.

5. Alberto Lef, texto preparatório para a exposição *Imagens do barroco*, Mostra *Brasil 500+*, inédito.

6. Daniel Boorstin, *Os descobridores*, Rio de Janeiro, Civilização Brasileira, 1989, parte III.

7. Alexandre Koyré, *Do mundo fechado ao Universo infinito*, São Paulo, Forense/Edusp, São Paulo, 1979, cap.4.

8. A crescente precisão dos relógios levou a uma nova definição da unidade básica do tempo, o *segundo*, definido no Sistema Internacional de Medidas como "igual à fração 1/31.556.925,9747 do ano trópico de 1900". Hoje em dia, com instrumentos mais aperfeiçoados e baseados nas propriedades atômicas da matéria, os cientistas estabeleceram muito mais precisamente a duração do segundo, ponto de partida para a medição do tempo. Essa definição baseia-se na freqüência natural das ondas de luz emitidas por átomos do césio 133; o instrumento usado para medi-las chama-se relógio atômico. Atualmente está definido que "o segundo dura 9.192.631.770 períodos da radiação correspondente à transição entre os dois níveis hiperfinos do estado fundamental do átomo de césio 133". Definir o segundo dessa maneira pode parecer complicado, mas produz um resultado que nunca varia, pois a freqüência das ondas de luz emitidas por essa radiação não é afetada pela temperatura ambiente, nem por qualquer dos outros fatores que podem alterar a precisão dos relógios. Trata-se, portanto, de uma unidade "absoluta". Contudo, os cientistas continuam avançando na precisão com que conseguem medir intervalos de tempo graças a contínuos aperfeiçoamentos dos aparelhos. A precisão dos "relógios atômicos" é hoje algo como um segundo em 100 milhões de anos (ou uma parte em 10^{15}); e a expectativa dos especialistas em cronometria é alcançar, nos próximos anos, uma resolução 100 vezes melhor (uma parte em 10^{17}). À parte os sofisticados relógios atômicos dos laboratórios de metrologia, o "relógio natural" mais exato que conhecemos é um fenômeno astronômico: a emissão extremamente regular de ondas de rádio por estrelas de nêutrons — também chamadas de *pulsares* —, com precisão de uma parte em 10^{10} (suficiente para corrigir relógios atômicos de uma geração atrás). Ver *New Scientist*, 1º novembro, 1997, p.46.

9. Sigmund Freud, *Conferências introdutórias à psicanálise*, citado por Peter Gay, *Freud*, São Paulo, Companhia das Letras, 1989, cap.9.

10. Arthur Koestler, *O homem e o Universo*, São Paulo, Ibrasa, 1989, quarta parte.

11. Alexandre Koyré, *Estudos de história do pensamento científico*, Rio de Janeiro/Brasília, Forense, UnB, 1982, "Galileu e Platão".

12. Arthur Eddington, *The nature of the physical world*, Cambridge, Cambridge University Press, 1929), cap.5.

13. Thomas S. Kuhn, *A estrutura das revoluções científicas*, São Paulo, Perspectiva, 1975, cap.9.

14. Jorge Luis Borges, "A biblioteca de Babel", *Ficções*, São Paulo, Globo, 1997.

15. Hubert Reeves, *A hora do deslumbramento*, São Paulo, Martins Fontes, cap. 2.

16. Ver James Fraser, *Of time, passion and knowledge*, Nova Jersey, Princeton University Press, 1990.

17. Jorge Luis Borges, "A esfera de Pascal", *Otras inquisiciones*, Buenos Aires, Emecé, 1960.

18. Max Born, *Einstein's theory of relativity*, Nova York, Dover, 1965, "Introdução".

19. Paul Davies, *Space and time in the modern Universe*, Londres, Cambridge University Press, 1977, cap.4.

20. Tony Hey e Patrick Walters, *The quantum Universe*, Cambridge, Cambridge University Press, 1992, cap.1.

21. Niels Bohr, *Física atômica e conhecimento humano*, Rio de Janeiro, Contraponto, 1995, cap.4.

22. Nick Herbert, *A realidade quântica*, Rio de Janeiro, Francisco Alves, 1989, cap.8.

23. Roger Penrose, *A nova mente do rei*, Rio de Janeiro, Campus, 1995, cap.7.

24. Michel Serres, "Espaces et temps", *Le passage du Nord-Ouest*, Paris, Minuit, 1980.

25. Jorge Luis Borges, "O sonho de Coleridge", *Nova antologia pessoal*, São Paulo, Difel, 1982.

Tempo e tecnologia

• *Paulo Vaz* •

Por uma história do futuro

O futuro não é mais o que costumava ser. O nosso modo de imaginar e lutar pelo futuro imaginado mudou desde o aparecimento e a difusão das novas tecnologias de informação — que incluem o computador, o cabo de fibra óptica, o satélite e a Internet, mas também a genética, a neurologia e a imunologia. Essa transformação ocorreu em muito pouco tempo, em menos de uma geração; vários de nós experimentaram-na no curso de suas existências.

Um exemplo disso pode ser a mudança em nossa relação com o futuro promovida pela medicina contemporânea.[1] Durante a maior parte dos séculos XIX e XX, isto é, durante a vigência da medicina moderna, o diagnóstico tendia a coincidir com a manifestação da doença. O início do processo cabia ao indivíduo, que experimentava uma limitação em suas normas vitais e ia ao médico para identificar a origem de seu sofrimento e orientar-se quanto aos modos de enfrentá-lo. A luta pela saúde ocorria a partir da experiência subjetiva da doença e dava-se sob a intervençao direta do médico. Dependendo da gravidade, o indivíduo era hospitalizado, alterava voluntariamente ou não seus hábitos de vida e, se a intervenção fosse eficaz, recobrava a saúde — esta vida no silêncio dos órgãos, como a definia então Canguilhem, um filósofo da medicina —, retornando à rotina de sempre.

Nos últimos 50 anos, a medicina vem ampliando cada vez mais a distância temporal entre o diagnóstico e a experiência subjetiva da doença. Com essa ampliação, podemos ser identificados como doentes, sem que tenhamos experimentado limitação das normas vitais; isto é, podemos estar doentes mesmo com os órgãos em silêncio. O próprio diagnóstico também muda. De um lado, o hábito de vida individual ganha destaque na causalidade de inúmeras doenças. De outro, num movimento à primeira vista contraditório, a engenharia genética promete — e já está cumprindo essa promessa — multiplicar o número de indicações de desarranjos genéticos que seriam a causa de nossos inúmeros sofrimentos. Isso é contraditório porque um diagnóstico genético determinista equivale a uma "sina", desresponsabilizando absolutamente o indivíduo por seu estado presente e pelos sofrimentos que lhe possam advir. A contradição, porém, é apenas aparente: a grande maioria dos diagnósticos genéticos será probabilística; a medicina descobrirá tendências ampliadas de contrair certas doenças que irão se concretizar ou não, dependendo dos hábitos de vida.

Ao articular o aparecimento das doenças aos hábitos, a medicina passa a atribuir maior poder ao indivíduo na administração de seus sofrimentos, responsabilizando-o também por aquilo que lhe pode acontecer. Desde então, começamos a estabelecer uma outra relação com o nosso corpo e com a morte, uma outra forma de anteciparmos o futuro e nos empenharmos, no caso, na postergação do fim. Antes mesmo de experimentarmos uma limitação das normas vitais — limitação que nos prontificava a lutar por nossas vidas e a aceitar uma mudança em nossos hábitos —, temos que dar peso a uma informação sobre o futuro provável e transformar nossos hábitos, dispondo-nos a lutar contra a tentação do excesso na bebida, na comida e no sexo. O futuro simulado, o futuro informado, deve pesar tanto em nossa existência quanto antes pesava a experiência de uma doença real. Concretamente devemos nos comportar como doentes, embora não haja a experiência subjetiva da doença; e com a certeza de que, como é meramente provável, a doença futura, a ser cotidianamente evitada, poderia nunca advir. Embora o que efetivamente se experimente seja a ausência de doença, devemos reorientar nossas vidas tendo em vista a probabilidade ampliada — por nossos hábitos e por nossa herança genética — de sofrermos de algum mal.

A mudança de hábito sequer precisa de diagnóstico e intervenção médica direta. Basta vincularmos probabilisticamente doença e modo de vida — cigarro e câncer de pulmão; comida gordurosa, estresse, obesidade e doenças cardíacas; período prolongado de menstruação sem gravidez e câncer de mama —, para que cada um de nós seja capaz de antever para si um futuro sombrio, caso continue a fazer o que faz ou fraqueje diante das tentações. Jornais e revistas aproveitam-se dessa inflexão subjetiva e informacional da doença e tomam para si o lugar que antes era do médico, estampando em suas páginas tanto os perigos a que estamos sujeitos por nossos hábitos quanto as diversas receitas para "mudar de vida", evitando assim o adoecimento e a morte prematura. Ao seguirmos as recomendações da mídia, não esperamos mais evitar uma doença específica e que nos faz sofrer agora; procuramos, sim, adquirir uma "vida saudável", que nos possibilite viver durante muito tempo, isto é, que nos permita evitar os modos hoje mais prováveis de morrer.

Adivinha-se, em contraluz, que a nova articulação entre doença, herança genética, hábito de vida e probabilidade pode ensejar uma outra cruzada moralista, ainda uma vez sob a caução da credibilidade de determinados atores sociais. Como não notar a proximidade entre as ameaças de um padre — acenando com o inferno, se pecarmos — e as advertências dos médicos — que, na mídia, advertem-nos sobre o risco de certos comportamentos? As correspondências evidenciam-se, do inferno à morte prematura, do paraíso à permanência em vida enquanto der, da autoridade da Igreja àquela da ciência, pois tanto nas ameaças quanto nas promessas podemos duvidar da existência de referente. É possível não contrairmos a doença, e sempre podemos morrer antes do planejado.

Desde Sócrates e Platão, porém, sabe-se que um exemplo não convence ninguém. Ele carece de generalidade e evita, portanto, que se formule a questão para a qual se apresenta como resposta. Retomemos a idéia enigmática e imediatamente controversa que abre o presente ensaio: o futuro deixou de ser o que era. O que nela se propõe é a historicidade do futuro. Para muitos, contudo, o futuro não poderia mudar, pois ele seria uma dimensão de tempo própria da humanidade, o que nos diferenciaria de todo o restante dos seres vivos e aproximaria os indivíduos de todas as culturas. Não seriam apenas os seres humanos, ao saber que vão morrer, que tecem suas vidas a partir da abertura ao tempo propiciada por essa angústia cotidiana e constante? É preciso ver, contudo, que a permanência da morte como agente da humanização tem sua contrapartida na suposição de que os homens de hoje sabem o que nos torna a todos humanos. Presume-se ainda — o que é mais problemático — que o desafio ético de todos nós é constante ao longo da história humana. Questionar essas suposições situa-nos no interior do campo problemático de uma história do futuro: quando se aposta na permanência de um desafio, a ética é indiferente à singularidade do presente; o que acontece, mais precisamente, não é ocasião para nos questionarmos a respeito daquilo em que podemos acreditar, sobre o modo adequado de agir e sobre o que podemos ser.

Desse modo, quando se propõe a historicidade, aposta-se que o futuro como dimensão ética decisiva de nossas vidas muda ao longo da história humana. Eis alguns lugares de decisão: a ética é ou não invariável? Questionamos o presente já de posse de uma verdade do humano — acessível a qualquer um, em qualquer momento e lugar, mas curiosamente só agora descoberta —, ou o presente é ocasião para se repensar o que se é e o que se faz? O presente limita-se a modular a questão ética ou transforma-a? Devemos ainda e sempre nos ocupar em desvendar o enigma de nossa existência humana, ou essa breve e frágil trama é constantemente tecida pelo que acontece em nossa história? Devemos inquietar nossas crenças com o esforço de pensar o ser, ou o que é depende do que pensamos ser?

Partir da historicidade do futuro como dimensão ética é presumir que a cada momento histórico os seres humanos estipulam os desafios, estimam as forças de transformação que crêem existir, separam em seu presente o que pode ser transformado do que é inevitável, ponderam oportunidades, aquilatam mundos diferentes e se propõem a tarefa de fomentar ou evitar o que foi avaliado. Nesse sentido, todo futuro é um futuro do presente; é um esboço do que se estima poder existir em função do que existe.

Se o futuro é uma crença, pode-se levantar com respeito a uma história do futuro uma segunda objeção, esta não mais vinculada à permanência da morte como abertura ao tempo, mas à variação indefinida e à multiplicidade própria de toda crença. Uma história do futuro seria impossível, ora pela permanência, ora pela variação desenfreada. Contudo, mesmo um olhar rápido sobre a história faz com que se perceba que as antecipações possuem estabilidade; algumas delas atravessaram séculos. Há momentos também em que ocorrem mudanças súbitas. Acreditava-se que o cabível ao homem era entrar no paraíso; acontece uma revolução social, e torna-se crível apostar que nossa tarefa é construir o paraíso na terra. Experimentamos uma transformação semelhante, e é essa experiência o ponto de necessidade de uma história do futuro. Em pouco tempo, talvez nos últimos 30 anos, com certeza a partir do final da década de 1980, nossa imaginação e nossos cálculos começaram a variar.

A história do futuro enfatiza o hoje. Ela supõe, primeiro, que não há a verdade do tempo; concretamente presume, de um lado, que não é possível dizer o que é sem interrogar a diferença entre o que se pensa hoje e o que já foi pensado; de outro lado, admite que é necessário indagar quais as condições, hoje, de se pensar o que é. Supõe sobretudo que nossa experiência de tempo é transformada pelo contexto em que vivemos. O conceito decisivo é o de experiência, porque com ele atentamos para a variação histórica no cuidado de si. Haver sujeito implica, num movimento único, questionar o que fazer e o que se é. Definimos o que é o presente e o que somos aqui e agora; estimamos ainda o que é nossa identidade, para que, a um tempo, seja necessário mudá-la no futuro e seja possível transformá-la no presente, dado o modo como foi constituída pelo passado; antecipamos o que podemos ser e o que pode ser o mundo; e, assim, fazemos sacrifícios, nos empenhamos, tendo em vista o que desejamos ser no futuro. É no interior de uma história do cuidado que é possível apreender como as novas tecnologias podem afetar a nossa temporalidade.

Antecipação, ontem e hoje

Ao destacar o hoje, uma história do futuro está mantendo na memória — como reserva que permite o questionamento — o futuro do passado recente. Ela participa portanto desse debate ainda aberto sobre as diferenças entre nossa atualidade e a Modernidade, afirmando que não experimentamos o fim da história, mas uma mudança na historicidade, isto é, no que nos faz mudar e no que pensamos ser a origem e a destinação de nosso pensamento. Exploremos a diferença em cinco tópicos: conteúdo das antecipações; relação do presente com o antecipado; agente da mudança; velocidade da mudança; e concepção de sujeito.

A mudança imediatamente perceptível diz respeito ao conteúdo majoritário das antecipações. Anteriormente, fiéis ao progresso e à revolução, sonhávamos com o advento próximo de uma sociedade igualitária que asseguraria a liberdade de todos e a erradicação — ou ao menos a atenuação — das mazelas humanas. Hoje, porém, o que se destaca no horizonte das possibilidades que entrevemos é a persistência e a ampliação da miséria, o retorno da intolerância própria do fundamentalismo religioso e do nacionalismo, a iminência de catástrofes ecológicas e a desaparição de nossa espécie. Pensávamos estar prestes a realizar o que acreditávamos ser a nossa essência humana. Agora sabemos que seremos transformados e nos inquietamos com a continuidade dessas transformações: onde nos levará a engenharia genética? O mapeamento do genoma humano? A inteligência artificial? A Internet? A globalização?

Nessas indagações não há apenas angústia. Para muitos há também do que se regozijar. Mas talvez a mescla de esperança e temor que caracteriza hoje o futuro já seja a maior marca da diferença no conteúdo das antecipações entre nossa atualidade e a Modernidade. Para nosso presente, a questão sobre o sentido e o valor das transformações que experimentamos implica também a questão de quem estará lá para julgar o que estamos fazendo agora.

Os homens modernos podiam dizer, com tranqüilidade, que a história os absolveria, ou que deviam engendrar um futuro que se envergonhasse de nós, seu passado, do mesmo modo como podíamos nos envergonhar do macaco.

O futuro era o lugar do homem verdadeiro, uma verdade que já se antevia no presente e que alguns podiam prefigurar, apesar da oposição necessariamente passageira e circunstancial de seu presente. Hoje, porém, a assunção de que a mudança é inevitável, mas que seu sentido e seu valor são indeterminados, permite que, diante de uma nova tecnologia, alguns antevejam a salvação, outros prenunciem a catástrofe, e outros, ainda, optem pelo ecletismo, afirmando que toda mudança implica o melhor e o pior, ou que toda transformação envolve perda e ganho. Ausenta-se daí a verdade que permitia o julgamento, porque — mais do que a realização do homem — antevemos num futuro próximo afrontar novas espécies, sejam elas seres transgênicos da engenharia genética, robôs da inteligência artificial ou mesmo uma nova humanidade modificada pela multiplicação das próteses e pela possibilidade de programar e transformar nossa individualidade e nosso modo de pensar.

A diferença entre a Modernidade e a nossa atualidade não abrange apenas o conteúdo das antecipações. Ela afeta também o que podemos e devemos fazer diante do que antecipamos. Na realidade, experimentamos uma modificação no nexo entre ação no presente e futuro antecipado. Anteriormente, acreditávamos poder participar — aliás, muitos diziam que tínhamos o dever de fazer isso — da construção do futuro melhor, por meio da política, esta forma moderna do destino, como queria Hegel. No presente, contudo, assistimos ao imenso poder da ação humana para determinar o mundo do futuro; porém, este mundo é sobretudo temido como catástrofe, afinal, ele significa a interferência no cerne da vida para gerar novas espécies, ou a criação de objetos que parecem quase vivos e inteligentes.

Assim, quando somos convidados a nos mobilizar, isso em geral acontece apenas para evitar ou atenuar as diversas conseqüências involuntárias e danosas que estamos criando com nossos esforços para melhorar nossas vidas. Tal diferença de engajamento do presente pode ser resumida como passagem da revolução à ética; no primeiro caso, o decisivo é transgredir os limites à nossa liberdade, supondo, portanto, que nossa ação no presente está limitada; no segundo, o decisivo é encontrar limites para um poder sobre o poder-ser que se afigura demasiado e perturbador pelo próprio desconhecido que ele descortina. Num caso, sonhamos e lutamos para realizar o sonho; no outro, simulamos futuros, construímos cenários, definindo não só os mais prováveis, mas também os indesejados, assim como os modos de contorná-los.

A transformação nos agentes de mudança parece ser direta. Na superfície haveria a política, como agente maior na Modernidade, e a tecnociência, na atualidade; afinal, só cientistas e engenheiros ainda ousam falar em revolução. Mas a descrição da mudança nos agentes deve ser complexificada. Desde a Modernidade passou-se a pensar que a forma das coisas por vir dependia do dinamismo de duas forças: os movimentos sociais e a ciência, com sua aplicação, a tecnologia.

Um jornalista norte-americano escreveu uma crônica, no final da década de 1920, com uma bela idéia: resumir as mudanças ocorridas desde o início do século XX pela análise do surgimento de novas palavras.[2] Considerando o esforço social para gerar expressões que dessem conta das inovações, ele observava que, no início do século, ainda não havia os termos automóvel, avião, cinema, rádio, comunismo, feminismo e imposto de renda. Sua crônica coloca-nos diante de duas qualificações sobre os agentes da mudança. A primeira força-nos a sair da concepção estreita de que só agora nossa vida cotidiana é transformada pela tecnologia. Podemos imaginar, pela naturalidade atual dos usos, como foi surpreendente e transformador dos modos de vida o aparecimento do automóvel e do cinema, por exemplo. Se a primeira qualificação convida a estabelecer uma continuidade entre a Modernidade e a atualidade, a segunda traz à tona a diferença.

No relato do jornalista, as palavras oriundas dos movimentos sociais também participavam do vocabulário novo. Para ele, era natural a co-presença de termos originários de inovações tecnológicas e dos movimentos sociais; mais precisamente, a co-presença apontava para a possibilidade de reuni-los numa única narrativa, indicando uma transformação da sociedade no mais das vezes tida como auspiciosa — embora a crônica tivesse a tonalidade afetiva da perda, lamentando a desaparição de uma vida mais lenta, na qual os cavalos circulavam e havia um ferreiro em cada cidade.

Em nossa atualidade ocorreu política e teoricamente a dissociação entre inovações tecnológicas e movimentos sociais. Estes continuam a existir, embora explícita ou implicitamente procurem obstar ou ao menos atenuar o que estimam como efeitos destrutivos das novas tecnologias. Pensemos na ecologia ou no fundamentalismo religioso, que pode ser visto como uma proteção diante do fluxo multiplicado de mensagens oriundas de diversas fontes, cada uma delas propondo diferentes crenças e valores. A impossibilidade de reunir num discurso único os movimentos sociais e os objetos técnicos agrava o sentimento individual e coletivo de exterioridade das mudanças engendradas pela tecnociência. Vida cotidiana e destino estão sendo transformados. Além disso, toda inovação tecnológica apresenta conseqüências involuntárias — como no caso exemplar da Internet.

Desse modo, torna-se generalizada a sensação de que as transformações acontecem apesar de nosso desejo e sem que possamos delas participar. Daí surgirem autores propondo a urgência política de uma tecnodemocracia, isto é, que se abra a investigação científica para o conjunto da sociedade.[3] Se nosso destino está sendo tecido nos laboratórios, que possamos discutir como e o que pesquisar, pois um dos pilares do conceito de democracia é poder debater e participar das decisões que afetam coletivamente a todos. Daí também a ampliação em jornais e revistas do espaço dedicado às descobertas científicas e ao aparecimento de novos objetos técnicos.

Ao tentar estabelecer uma diferença entre a Modernidade e a atualidade em relação à rapidez com que as mudanças acontecem, duas dificuldades devem ser enfrentadas. A primeira diz respeito à própria existência da diferença: se a Modernidade foi descrita e experimentada como aceleração das mudanças — pensemos aqui na conhecida frase do Manifesto Comunista, "tudo que é sólido desmancha no ar" —, como podemos nos distinguir dela segundo o critério da "velocidade"? A segunda afeta o sentido da diferença: mesmo havendo uma aceleração, será ela relevante, isto é, haveria uma transformação em nossas questões éticas e políticas acerca do novo?

Enfrentemos a primeira dificuldade. Manuel Castells explica de modo convincente por que experimentamos uma "aceleração da aceleração".[4] Partindo das diferenças entre o paradigma tecnológico moderno — fundado na descoberta de novas fontes de energia — e o contemporâneo, calcado na descoberta de novos modos de produzir, processar e distribuir informações, Castells mostra que se passaram cerca de 70 anos para que o preço do tecido de algodão caísse pela metade, enquanto foram precisos apenas cinco anos para que o preço do circuito integrado, introduzido no final da década de 1950, sofresse a mesma queda. O diferencial não acontece só na rapidez da difusão, estimada aqui pela queda de preço; ocorre sobretudo no ritmo com que são inventados novos objetos técnicos. O paradigma tecnológico da informação apresenta um feedback decisivo entre causa e efeito que explica a rapidez relativa de invenção e difusão. Admitindo-se que a condição do aparecimento de novas tecnologias é o conhecimento, a introdução de novos modos de produzir, processar e distribuir informações amplia indefinida e crescentemente o potencial de criação de novas tecnologias.

Na Modernidade, a fragmentação e a velocidade propiciadas pela vida urbana podiam ser elogiadas; o parâmetro do elogio era a comunidade rural e aristocrática, vista como limite à existência humana, que restringia o universo daqueles com quem podíamos interagir e daquilo que podíamos ser. Quando Baudelaire cantava a vida em caleidoscópio, estava retomando um dos topos das filosofias modernas da história — a afirmação do efêmero e do acaso —, distinto, embora aparentado, do topos do progresso. A massa urbana em deslocamento assustava; podíamos esbarrar fortuitamente com criminosos ou com a promessa tristemente fugaz de um amor eterno. Por isso mesmo, contudo, ela podia ser saudada e experimentada como convite incessante ao novo, como abertura constante da possibilidades de ser, antes sempre negada pela lentidão e hierarquia das comunidades rurais.

O elogio da fragmentação e da velocidade torna-se problemático neste nosso mundo engendrado pelas tecnologias de informação, certamente porque elas afetam diretamente nossas vidas. Enquanto a descoberta da eletricidade, por exemplo, só pôde alterar o padrão de sociabilidade com a iluminação das cidades, as novas tecnologias de informação imediatamente transformam o modo como nascemos, aprendemos, sonhamos, lutamos e morremos. Basta lembrar práticas e objetos como fecundação *in vitro*, educação a distância, videogames, sexo virtual, mísseis com "precisão cirúrgica" e a crise da previdência social gerada pelo envelhecimento da população. Se considerarmos ainda, de um lado, a dificuldade de articular num mesmo discurso e numa mesma política a transformação tecnológica e a libertação, e, de outro, a dificuldade de reduzir o sentimento de exterioridade das mudanças, fica claro que é arriscado hoje conectar sem qualificações o convite ao novo, a afirmação do acaso e do efêmero e a velocidade das mudanças engendradas pelas novas tecnologias.

Um exemplo disso pode ser a atenção social hoje dedicada ao excesso de informação. Se acreditarmos no progresso do conhecimento, tal como fazia grande parte do pensamento moderno, iremos supor implicitamente que ainda há espaço na biblioteca do saber. Dito de outro modo, pode-se criticar o presente presumindo que nele falta informação e que atenção e memória estão disponíveis para qualquer nova informação. Atualmente, porém, um cálculo simples mostra que nossa questão agora é sintetizar e administrar a massa de informaçoes que nos é imediatamente acessível e que não pára de nos assediar. Se vivêssemos numa aldeia medieval, poderíamos encontrar, enquanto caminhássemos, até 200 pessoas; a cidade e o automóvel permitiram que interagíssemos com até 200 mil; com a Internet, podemos interagir com 200 milhões de pessoas. Supondo uma duração de vida de 70 anos, temos cerca de um milhão de horas de vigília. Assim,

> ... se nosso mundo de interação é a aldeia, cada membro dela tem em média cerca de 200 mil horas de nosso tempo. Na escala do automóvel, o tempo se reduz para duas horas por pessoa. E na escala da rede global de computadores, o tempo é reduzido para menos de dez segundos. Assim, a atenção claramente torna-se um recurso escasso, e os mecanismos intervenientes de administração da atenção tornam-se essenciais, a menos que queiramos ser subjugados pela mera escala com a qual a sociedade global eletronicamente mediada está começando a operar.[5]

Como continuar elogiando a fragmentação e a aceleração das trocas se o perturbador, num futuro próximo, é sermos assediados por inúmeras informações, sem saber qual delas é a relevante — e sem ter tempo para analisá-las?

Os futuristas sonhavam converter-se em bala de canhão; entrando no empuxo da tecnologia, poderiam destruir o antigo, se tornar velozes e voar, conquistando a liberdade. Hoje, contudo, nos sentimos no início de transformações imensas que ocorrem cada vez mais rapidamente, não havendo sinais de esgotamento dessa dinâmica. Este sentimento novo encontra forma no amplo uso das metáforas de impacto e explosão para descrever as alterações que experimentamos, produzindo a imagem de mudanças de grande extensão e profundidade, velozes, exteriores a nós, que podem nos ferir ou até destruir. Que se discuta ética, e não a revolução — isso já indica que a aceleração das mudanças que ora experimentamos é significativa, desdobrando um outro modo de nos colocarmos diante do nosso conhecimento sobre nós mesmos e sobre o mundo.

Quando se trata da concepção de sujeito, destaca-se grosso modo a passagem de um sujeito determinado pela cultura, em suas crenças e comportamentos, para um sujeito programado pela seleção natural. Compreender essa mudança significa atentar para o nexo entre o que podemos fazer conosco e com o mundo e a identidade que nos atribuímos. Se os homens acreditam que suas ações podem elevá-los ao paraíso, eles imediatamente supõem que a organização social em que vivem não pode ser transformada; e que eles se diferenciam do restante dos seres pelo fato de possuírem uma alma racional, que os orienta sobre a ação correta e que é capaz de exercer seus efeitos diante de tentações.

Do mesmo modo, os pensadores modernos partiam da capacidade de transformação política do mundo e sustentavam o pensamento como memória, delimitando, assim, tanto a dependência em relação ao passado quanto a capacidade de libertar-se da herança. Já os pensadores contemporâneos partem de um mundo marcado por proezas tecnológicas capazes de interferir sobre o que nos distingue como seres vivos, além de simulá-lo, propondo que a forma do pensamento hoje depende sobretudo da seleção natural e das inovações técnicas ocorridas ao longo do tempo. A mudança no modo como o pensamento reflete sobre sua origem e destinação é certamente um sinal maior nas diferenças entre a Modernidade e a Pós-modernidade.

Excurso: do horror à ficção científica

O pensamento moderno define-se também pela suposição de que nós, quando pensamos, somos determinados no que pensamos e no modo como pensamos — e essa determinação nos é imediatamente desconhecida —, por termos um corpo e estarmos na história. Se encontramos indivíduos de outras culturas, com crenças exóticas, nosso esforço de aplainar o exotismo implicará articular essas crenças a fatores econômicos e sociais específicos. Um aforismo de Nietzsche, a refutação histórica como refutação definitiva, explicita esta estratégia:

> Anteriormente, buscava-se provar que não havia Deus — hoje mostra-se como a crença em um deus pode nascer e a que essa crença deve seu peso e sua importância: de imediato, uma contraprova da inexistência de Deus torna-se supérflua. Anteriormente, quando se tinham refutado as provas da existência de Deus que havia formuladas, a dúvida ainda persistia: será que não se poderia encontrar provas melhores do que aquela que se tinha acabado de refutar? Nesses tempos os ateus não sabiam fazer tábula rasa.[6]

Nessa relação entre pensamento e cultura, é problema, em primeiro lugar, a simultaneidade entre a diferença intercultural e a proximidade intracultural das crenças. Por que os homens de uma mesma cultura se parecem em seus comportamentos e valores? Por que homens de culturas diferentes divergem em crenças e comportamentos? E por que um filho de europeus nascido e crescido entre índios pensará e se comportará como um índio? Diante dessa simultaneidade, o pensamento moderno erigiu-se uma série de questões. Eis algumas: como pode o pensamento ser determinado pela cultura em que vive? Que sentido dar a uma singularidade da cultura moderna — que é a de tomar a determinação do pensamento pela cultura como objeto de investigação e se dispor a estudar as outras culturas? Isso significa que os homens modernos conseguirão libertar-se de sua própria cultura? Teria essa cultura — pela possibilidade aberta a seus membros de se libertarem —, ao tomar a determinação como objeto de seu pensamento, a capacidade de descobrir e realizar no futuro a cultura verdadeira, a "boa" ordem, aquela em que todos são iguais e capazes de se autodeterminar? Fica assim evidente como a Modernidade foi marcada pelo surgimento das ciências humanas e pelos temas da revolução e da liberação.

Mas é problema também a própria passagem da natureza à cultura. Se a cultura significa sobretudo um mecanismo de homogeneização de crenças e valores, a natureza deixa de ser uma região limitada dos seres criada por Deus — aquela entre a matéria e o homem — e torna-se o fundamento de todo e qualquer ser vivo: todos os seres vivos que existiram, existem ou existirão são a dispersão de uma fonte única, a vida, uma força inacessível que impulsiona e atravessa todo ser vivo, mas que não se detém em nenhum deles. A Modernidade é a época também do vitalismo. Para os estudiosos da vida, a diferença não é mais aquela, mínima, entre dois seres vivos, que permite nomear e classificar; é aquela que um ser vivo mantém em relação a si mesmo como vida. A diferença não conecta os seres pela classificação; ao contrário, separa o ser, cada ser, de si mesmo.[7] Trata-se de uma diferença entre cada ser vivo e a vida como força que, no ser vivo, faz com que ele resista à morte, mas que também o mata, pois não pode nele se deter. Ontologia selvagem que diz em simultâneo o ser e o não-ser de todos os seres vivos, opõe e privilegia o movimento com prejuízo do repouso, constituindo o fundo do ser como selvageria e força. O que há senão violência, sexo e morte?

A reflexão sobre a cultura encontra nessa concepção de natureza como força um lugar privilegiado para questionar a liberdade do indivíduo na cultura. Se a natureza nos inquieta na figura do predador, que expressa a violência e a sexualidade, podemos nos interrogar sobre o sentido da cultura: o que ganhamos e perdemos ao nos tornarmos animais com cultura? Alguma promessa aí se constituiu? Perdemos alguma liberdade, especialmente na capacidade de expressar e efetuar as paixões? Para colocar tais questões, basta considerar que a padronização de comportamentos é gerada culturalmente para supor que a consciência em cada um de nós vem da cultura e é modo de submeter nossos desejos singulares às exigências sociais. A consciência, especialmente na cultura judaico-cristã, é má-consciência e órgão do rebanho, aquilo que nos torna animais dóceis e sem individualidade, ao nos propor como valoroso o que é verdadeiro no comportamento, isto é, ao afirmar que bom é aquele que luta contra seus desejos para agir segundo a verdade.[8]

Não é de se espantar, portanto, que autores como Nietzsche e Freud tenham transformado prof[illegible]damente o modo como a filosofia pensa a ética. Em vez de se ocupar e[illegible]brir o que é lícito de se desejar, caberia aos filósofos perguntar p[illegible]ns não fazem o que desejam. O que move essa interrogação [illegible]ética, aparentemente paradoxal: como desejar o que se dese[illegible]aradoxal porque nada seria mais fácil do que desejar o que se deseja. Contudo, se pensarmos no conceito de cultura e no vitalismo, a questão se torna: como desejar o que cada um de nós não admite desejar pela pressão das regras culturais, que nos impedem de querer o que a vida — esta concepção de vida — quer, que partamos sempre e queiramos cada vez mais? Como desejar então aquilo que não se sabia desejar, aquilo que sempre inesperadamente descobrimos que desejamos? Vê-se como a crítica da consciência e a valorização do desejo puderam estar articuladas à aceitação do efêmero e à abertura ao acaso. Retomemos Baudelaire, aquele que prega a fragmentação e a valorização do efêmero, agora numa passagem de seu poema de abertura de *As flores do mal*:

> Se o veneno, a paixão, o estupro, a punhalada,
> Não bordaram ainda com desenhos finos
> A trama vã de nossos míseros destinos,
> É que nossa alma arriscou pouco ou quase nada.[9]

Para outros pensadores modernos — que focam, não a liberdade do indivíduo, mas a própria existência da cultura, a dualidade entre consciência vinculada às regras culturais e a pulsão ligada à vida, entre o que se representa e o irrepresentável que sustenta toda e qualquer representação —, isso pode ser aterrorizante. Estaríamos ameaçados individualmente, por não haver plena transparência de si para consigo; e coletivamente, pela desestruturação da vida em sociedade. Darwin sintetizou a possibilidade desse terror numa frase de seus diários: o diabo é nosso avô na forma do babuíno. O que nos desvia do angelical, o que nos leva a fazer o que não devíamos — ou melhor, aquilo que uma cultura diz ser o dever —, é nossa herança animal, que persiste e insiste em nós.

Do século XIX até meados do século XX, o temor da besta humana ocupou nosso imaginário. Um terror de fazer o que não se deve, apesar de si mesmo, de praticar o mal especialmente quando não se tem consciência de o estar praticando, este foi um tema que apareceu em diversos livros e filmes de terror que tratam de lobisomens, vampiros e duplos, como o médico e o monstro ou a bela e a fera. Em todos esses casos tratava-se de lembrar aos homens a presença insistente e perigosa de sua herança animal. No filme *O lobisomem*, de 1941, um verso é repetido em diversas cenas:

> Mesmo um homem que é puro de coração
> E diz suas preces à noite
> Pode tornar-se um lobisomem quando o acônito floresce
> E a lua de outono brilha. [10]

Uma curiosidade histórica esclarece um pouco mais essa ligação entre a concepção de natureza como força e a besta humana a ameaçar a cultura. O famoso criminologista italiano Cesare Lombroso, preocupado em identificar o criminoso na massa da cidade que torna a todos anônimos, supunha que haveria o delinqüente nato, e que seus traços faciais poderiam ser especificados. Teve então a "brilhante" idéia de que o crime na realidade seria um atavismo, o resultado de uma herança animal forte por demais em alguns seres. Desse modo, a face de um criminoso seria parecida com a de um macaco. O curioso é que Bram Stocker, ao imaginar o rosto de seu Drácula, simplesmente copiou passagens da descrição de Lombroso sobre a aparência de criminosos natos.[11]

Quando analisamos as concepções contemporâneas sobre origem e destinação do pensamento, a referência imediata é ao advento do computador e do DNA. O que nos inquieta agora é a nossa capacidade de construir máquinas que simulam o pensamento. Embora ainda de modo modesto, os computadores podem reproduzir processos cognitivos, como memória, solução de problemas, escolha e previsão, que antes nos faziam crer que nossa mente era uma esfera metafísica para sempre separada da física, ou que não tinha equivalentes no mundo animal, por ser fruto da cultura. Inquieta-nos, não apenas que a máquina pareça ser tão humana, mas também o que nos mostram a engenharia genética e as novas teorias sobre o processo de seleção natural: o quanto podemos ser parecidos com as máquinas.

Há cerca de três anos os jornais noticiaram que um grupo de cientistas descobriu que os humanos tinham receptores para feromônios. Assim como nos animais, esses hormônios seriam ativos na orientação de nosso comportamento sexual. Dois indivíduos seriam tão mais atraídos um pelo outro quanto maior fosse a diferença na herança genética expressa pelos feromônios que eles emitem. Onde pensávamos haver escolha ou manifestação do desejo, encontramos a programação genética. Eis então nosso novo modo de nos inquietarmos com os poderes de nosso pensamento: os programas simulam performances humanas, os humanos parecem programados.

Algumas tarefas realizadas por programas de computador ou eventos midiáticos, como a vitória de um programa sobre nosso melhor jogador de xadrez, já demonstram o sucesso parcial da simulação do pensamento humano por uma máquina. O deslocamento do pensável gerado por esse sucesso pode ser resumido. Em primeiro lugar, o reforço do materialismo entre filósofos e cientistas. A existência do computador mostra que não é necessária qualquer peculiaridade ontológica, como uma substância vital ou a alma, para que um ser material seja capaz de incorporar sentido e realizar tarefas cognitivas; basta uma certa disposição de suas partes.

Em segundo lugar, mostra-se de modo concreto que não é preciso consciência para realizar comportamentos que, ao serem executados por humanos, são denominados inteligentes. Assim, a discussão sobre o pensamento torna-se inevitavelmente um debate ético sobre os limites e a legitimidade da atribuição humana de pensamento aos não humanos. A questão "o que é pensar?" está hoje indissociavelmente vinculada à questão "quem pensa?" Não basta a introspecção ou o estudo de outras culturas; o que está em jogo é a atribuição de pensamento aos não-humanos por um observador humano. Estaríamos sendo antropomórficos ao recusar a existência de pensamento em máquinas ou seres vivos? Ou estaríamos perdendo o distintivo do pensamento — a compreensão ou a experiência qualitativa do mundo propiciada pela consciência —, ao atribuirmos capacidade de pensar às máquinas? Será que o conceito de representação deve ser tratado como uma mera disposição para adquirir crenças e desejos (de tal modo que se pode pensar que a mola bimetálica do termostato é uma representação do meio ambiente que orienta suas ações de ligar ou desligar), ou deve ser visto como experiência qualitativa do mundo, como sensação bruta, de modo a recusar a existência de consciência para máquinas, vegetais e insetos?[12] Devemos continuar a pensar os não-humanos a partir da certeza da consciência de si? Ou devemos aproveitar a oportunidade de estranhar o pensamento humano, ao maquinizá-lo, pensando que em nossa origem estão os robôs, que somos constituídos por robôs e que, sob um certo ponto de vista, somos apenas robôs que passaram do "saber como fazer" ao "saber o que se está fazendo"?[13]

Os argumentos que pretendem paralisar as metáforas propiciadas pela simulação perdem vigor à medida que o processo de investigação e criação tecnológica prossegue. O consenso gradualmente formado é que, graças à simulação, a intencionalidade pode ser desvinculada da consciência e conectada à manifestação de comportamento inteligente. Desse modo, é corrente hoje operar no interior da multiplicação cognitiva, admitindo-se cada vez mais que o pensamento pode ser estendido aos não-humanos.

Os fracassos na simulação também foram decisivos para o deslocamento do pensável, especialmente porque ele ocorreu quando se procuraram simular agentes autônomos operando em meios complexos e em tempo real. Anteriormente a simulação seguia o paradigma do deliberador ou da enciclopédia ambulante.[14] Dotava-se uma máquina de conhecimentos múltiplos sobre o mundo e de regras lógicas para operar esses conhecimentos, com a esperança de que o centro de decisão lógica, situado entre o percebido e o memorizado, permitiria a movimentação da máquina no mundo. Os resultados, porém, foram as dificuldades de percepção sem contexto, a inflexibilidade de comportamentos e a demora em agir.

O efeito maior desse fracasso da simulação foi a surpresa diante do senso comum. Do ponto de vista da simulação, da questão do "como?", as tarefas banais que realizamos sem maior atenção tornam-se mágicas. Como é difícil construir um robô capaz de executar todos os movimentos de nossas mãos![15] Como é difícil construir um robô capaz de executar tarefas domésticas simples, como preparar um sanduíche! Passamos a pensar que há cálculo e construção ali onde acreditávamos existir apenas percepção do dado.

A surpresa autorizou que se formulasse uma outra narrativa sobre a origem do pensamento. O senso comum pode ser tido como transcultural. Embora seres de diferentes culturas possam discordar, por exemplo, quanto ao regime político mais adequado para os homens, se a democracia ou a monarquia, ou sobre as vantagens da ciência sobre a religião, todos concordam que ficar ao relento é pior do que se abrigar, que em geral um pedaço de madeira bóia, que os vegetais são diferentes dos animais, e assim por diante. Essa universalidade de crenças não epistêmicas estimula a investigação sobre sua origem pré-cultural, sobre a possibilidade delas terem sido geradas pela seleção natural. Inúmeras pesquisas retomam o inatismo e buscam definir módulos inatos gerados no período do Pleistoceno.

O exemplo mais conhecido desses estudos discute os efeitos da divisão sexual do trabalho entre caça e coleta, vigente entre os grupos de caçadores e coletores ainda hoje existentes, mas que supostamente teria existido desde a aparição do *Homo erectus*, há dois milhões de anos. Dois antropólogos usaram essa divisão para explicar uma diferença cognitiva atualmente mensurável entre sexos: as mulheres obtêm resultados consistentemente piores que os homens em testes de geometria.[16] Inicialmente os pesquisadores observaram que compreender geometria implicava saber orientar-se no espaço, e que as mulheres têm uma outra habilidade espacial mais desenvolvida que os homens, que é a de encontrar algo num espaço intrincado. Pensemos em casais nos quais a mulher sempre pede ao marido que explique o caminho para algum lugar, enquanto este sempre pede a ela que encontre algum objeto. Imediatamente surge o argumento: como a caça requer a perseguição de um animal e depois a retomada do caminho de volta, ela envolve a habilidade espacial de encontrar a trilha quando se está perdido; enquanto a coleta implica a habilidade de distinguir o fruto maduro num espaço intrincado ou reencontrar aqueles que antes estavam verdes, isto é, achar o perdido em meio ao emaranhado. E como só bons caçadores e boas coletoras tiveram seus genes transmitidos, está explicada a diferença nos resultados dos testes de geometria e na vida cotidiana.

Este é apenas um exemplo. Há uma enorme quantidade de pesquisas que procuram vincular a forma e o conteúdo de nosso pensamento a um passado em que seríamos regidos pela seleção natural, e não pelas leis da cultura. Esboça-se uma nova relação entre razão e emoção, define-se um algoritmo de justiça gerado por seleção natural como resposta à questão do altruísmo, articula-se o autismo à incapacidade de atribuir pensamento aos outros, afirma-se que os animais têm emoções além do medo, e assim por diante.[17]

Um modo de apresentar esse processo é propor que estamos experimentando uma nova ferida narcísica que também incide sobre o privilégio da consciência de si. Para o pensamento moderno, como vimos, a consciência de si era perturbada pela existência no psiquismo de processos mentais inconscientes que recordavam ao sujeito sua animalidade e indicavam o conflito entre normas sociais e desejo, entre força da natureza e regras culturais. A simulação todavia comprova que pode haver processos intelectuais sofisticados — que acreditávamos serem um apanágio da humanidade — sem que haja consciência de si.[18] O terror humano diante da ausência de consciência de si desloca-se das figuras que expressam violência e sexualidade transgressora para se encarnar na tríade composta por robôs, zumbis e insetos: seres capazes de executar programas, mas sem sensibilidade, limitados na sua abertura ao meio e sem individualidade. Essa a passagem da força ao programa como que inquieta o pensamento que pensa seus poderes e limites.

Intranqüila, a atitude humanista diante da multiplicação cognitiva esforça-se por traçar uma outra fronteira de humanização, distinguindo firmemente os seres próximos de nós daqueles que encarnam a alteridade aterrorizadora. O critério, porém, não pode ser mais o pensamento como solução de problemas, pois, neste caso, nossas máquinas aí estariam incluídas e até nos ultrapassariam. Ele torna-se então a capacidade de experimentar sensações, característica que imediatamente implica consciência de si, embora no nível primário. Esse critério aproxima-nos de todos os mamíferos, e até mesmo de lulas e polvos; contudo, distancia-nos das máquinas e exclui os insetos.

Um exemplo extraído da literatura científica esclarece a exclusão dos insetos: quando as abelhas encontram uma semelhante morta, elas retiram-na da colméia.[19] Estamos aparentemente em face de um comportamento inteligente, que requer inúmeras crenças e uma finalidade: "uma abelha morta pode contaminar as vivas"; "para evitar a contaminação é melhor afastá-la"; "evitar a contaminação garante a sobrevivência individual e coletiva das abelhas"; "uma abelha deve se preocupar com a sobrevivência de sua colméia". Contudo, as abelhas, à diferença de nós, seres humanos, não precisam possuir esses estados mentais para realizar tal operação. A sub-rotina de limpeza é desencadeada pelo odor do ácido oléico exalado pelas abelhas mortas. Elas não têm consciência do que estão fazendo. Se um cientista coloca esse ácido numa abelha viva, ela será afastada, mesmo que esteja esperneando e batendo as asas. Para as abelhas, o agir não requer as etapas de reconhecer um problema, encontrar uma solução e estimar suas conseqüências; ao contrário, é preciso apenas ter um subconjunto de operações ativadas por um dispositivo. Entre esses insetos encontramos apenas a repetição cega de um procedimento.

O filme *Homens de preto* é exemplar nessa reconfiguração da alteridade do humano. Nele, a Terra já é habitada por extraterrestres; alguns de aparência estranha, outros com formas de animais conhecidos, porém dotados de consciência de si e inteligentes. Os perigosos são os insetos, e a luta começa quando uma barata gigantesca desce à Terra. Ao mesmo tempo, numa cena do filme, nos enternecemos com o nascimento de um bebê lula sorridente e quase humano. O curioso é que há alguns anos a Inglaterra proibiu que se realizassem experiências científicas com lulas sem anestesiá-las; haveria inúmeras evidências de que esses animais sentem dor.

A ficção científica está mudando de estatuto. Antes era lugar-comum defini-la como gênero separado daquele dos filmes de terror. Nestes vigoraria o horror da perda de consciência, o peso do passado animal e o conflito entre indivíduo e sociedade; já na ficção científica, especialmente naquela das décadas de 1950, 1960 e 1970, estaríamos diante de um medo racional frente ao peso das conseqüências futuras de nossos atos presentes e de conflitos coletivos.[20] Mas o espanto crescente face ao poder que os computadores têm de simular o pensamento humano permitiu que a ficção científica encontrasse, a partir da década de 1980, sua dimensão de terror individual. Ao menos com relação aos personagens tradicionais, pode-se até dizer que ela substitui o filme de terror. Numa sociedade que valoriza o indivíduo, e na qual a expressão da sexualidade só encontra entrave nas conseqüências, assumir aspectos animalescos — assegura o filme *Lobo* — pode ser a receita para obter um sucesso tradicional e adquirir maiores atrativos sexuais.

De modo geral, presenciamos um novo estado de terror diante da possibilidade de não ter plena posse de si mesmo. Os programas de computador indicam que não é preciso haver consciência para que se realizem comportamentos que qualificaríamos de inteligentes e produzidos pela consciência. Como podemos ter certeza de que não há consciência quando vemos seres parecidos com os humanos? Será que eles, que nos simulam, não são na realidade insetos com forma humana? Será que não são robôs? E quem garante que não tenhamos sido sempre robôs a imaginar a quimera de uma humanidade? Quem garante que já não estamos mortos, mesmo que sonhando estar vivos? Não seríamos todos zumbis?

Existência, Ocidente e cosmo

A história do futuro é de fato uma história das filosofias da história, cuja escansão é a mudança no presente. No pensamento moderno, a configuração do presente é ditada pela Revolução Francesa. A possibilidade dos próprios indivíduos determinarem as leis sob as quais viverão e que valem para todos colocou como questão decisiva para os filósofos o universal e sua origem. Em conseqüência disso, eles procuraram articular o tempo de nossa existência — em que nos descobrimos, desde sempre, entre o nascimento e a morte, desejando, hesitando, enfrentando a irreversibilidade das escolhas, nos arrependendo e sendo surpreendidos pelo que acontece — à história do Ocidente, ao surgimento, na Grécia, do universal.

Ao conectar a história da filosofia ao futuro da cultura, os filósofos propuseram-se a tarefa de pensar como o tempo do Ocidente poderia estar determinando nossa existência, ora abrindo-lhe oportunidades, ora recusando sua expressão autêntica. Aqueles que valorizavam o universal construiriam uma narrativa utópica, na qual estava em jogo a universalização e a autodeterminação na construção das leis que regem a sociedade. A narrativa salientava, em primeiro lugar, a separação entre mito e razão. As culturas arcaicas jamais universalizaram suas regras de comportamento, permanecendo restritas à oposição entre nós e eles. Com alguém que não pertencia ao grupo, tudo era possível, pois muitas vezes o estrangeiro nem sequer tinha o estatuto de humano.

Na Grécia, porém, surgiram o bem e o mal, isto é, uma valorização segundo o universal, implicando já o princípio de reciprocidade. Na seqüência, discutiu-se a diferença entre uma lei tida como imposta aos homens por uma entidade transcendente — um Deus, por exemplo — e a democracia, em que são os homens que criam a lei. Alguns, como Marx, acreditavam que a autodeterminação não dependia só de uma igualdade formal, mas também da igualdade material, pois os homens seriam determinados no modo como pensam e agem pela cultura em que vivem. De qualquer forma, nesse gênero de narrativa, a existência humana encontraria no futuro a liberdade que os homens ao longo do tempo tentaram construir e que, mesmo no presente, ainda não experimentaram.

A outra narrativa, que pode ser denominada de trágica, investigava a história do Ocidente a partir da suposição de que o universal limitava a expressão individual, de que ele era obrigação de ser igual, obrigação de só desejar o que todos querem e aquilo que pode permanecer. O desafio dos filósofos trágicos era mostrar que o universal e o permanente resultavam de um desejo humano, por demais humano, de recusar o acaso e o efêmero. A história do pensamento ocidental, para os trágicos, foi marcada pela busca da permanência, primeiro como paraíso reservado a sábios e castos, depois como utopia e regularidade. Expliquemos a busca como dificuldade de querer o acaso e o efêmero tal como exposta por Nietzsche.[21]

Usualmente só queremos que o tempo se abra, passe e não volte quando não queremos o que acontece no tempo. Se temos uma lembrança alegre, murmuramos melancolicamente "nunca mais" e desejamos que o que foi não se tivesse afastado, que o passado ainda estivesse aqui; inversamente, quando a lembrança é triste — algum arrependimento ou o lamento de um abandono, por exemplo —, escutamos o persecutório "para sempre", desejamos desesperadamente que pudéssemos querer para trás, transformar o acontecido ou ao menos esquecê-lo, que ele continuasse lá sem nos angustiar na forma de culpa ou ódio. Já no presente, se experimentamos alegria, repetimos como Fausto: ó instante, pára, és tão belo; se sofremos, contudo, queremos que o instante passe. E se aguardamos algo, tememos o futuro, pois muito mais pode acontecer do que o esperado. Embora seja condição de nossa liberdade, odiamos o possível, pois ele nos persegue no passado e nos amedronta com sua demasia no futuro. Por vingança contra o tempo, o pensamento ocidental inventa então um mundo em que nada passa, afirmando que de direito nada devia passar e que tudo deve se conformar ao previsto.

A Modernidade significa agora a morte de Deus. De um lado, é a democracia e, portanto, a continuidade desse movimento ocidental de homogeneização e domesticação dos homens: na Modernidade haveria um só rebanho e nenhum pastor. De outro lado, é a oportunidade do indivíduo soberano, aquele que se dá suas próprias leis, pois agora os homens estariam obrigados a confrontar o trágico da existência, descobrindo talvez o amor ao longínquo e ao raro. Afinal, se Deus morreu, tudo é permitido. Nessa narrativa trágica, o sujeito é simultaneamente reduzido pela história, mas capaz de resistir a essa redução. A existência luta por afirmar-se para além do bem e do mal, para além da responsabilidade e do direito.

Do ponto de vista da nossa atualidade, não importa se o universal liberta ou limita a existência; o decisivo é que a configuração do presente pela revolução atou a reflexão sobre o sujeito à história do Ocidente. Nosso presente, ao contrário, tem seu diferencial definido pelas novas tecnologias de informação. A temporalidade que elas abrem é distinta. Muito concretamente, ou melhor, tecnicamente, a tecnologia articula nossa existência ao tempo da vida, da Terra e até do cosmo.[22] Tanto para o passado quanto para o futuro, nossas crenças, desejos ou escolhas engajam o que se costuma chamar de tempo profundo, este tempo que desafia nossa imaginação. Um exemplo de engajamento é a fabricação de seres transgênicos. Ao manipular os genes, conectamo-nos com eras remotas; por outro lado, como a manipulação pode gerar conseqüências involuntárias, arriscamos estar, no presente, transformando a história da vida e da Terra.

A história da cultura ocidental continua a ser importante. Sua relevância, contudo, diminui diante do peso de um passado de bilhões de anos, e certamente ela não reside na invenção do universal. Seu relevo está sobretudo nas tecnologias que inventou ou cuja difusão promoveu, como a escrita fonética, a imprensa, o computador, a engenharia genética e a Internet.

O tempo profundo possibilita ainda um olhar condescendente às tentativas de explicar a forma do pensamento pela seleção natural. Embora toscas, redutoras e em contradição com a potência que demonstramos em nossa inventividade técnica, elas são os primeiros esforços de vincular nossas crenças, nossos desejos e escolhas a essa temporalidade colossal de milhões e bilhões de anos.

O tempo cosmológico permite, enfim, entrever uma ética para nossa sociedade tecnológica. Alguns desafios foram aqui indicados. Um deles é a atitude esperançosa de salvação individual, implícita na tentativa da medicina contemporânea de prolongar a vida. Um outro é o temor de extinção individual e coletiva aguçado pela sensação de exterioridade das mudanças, e que se origina na separação ainda existente entre ciência e democracia. Um terceiro é a aceleração do ritmo de mudança, que dificulta a reflexão sobre as transformações que experimentamos e nos convida ou obriga a sempre acompanhar os novos objetos técnicos que estão sendo constantemente produzidos.

Somos levados agora a mensurar nossa existência pela história inumana do cosmo. Nosso imaginário já iniciou a comparação. Não tememos apenas os encontros adversos ou os infortúnios engendrados pela vida em sociedade; também nos imaginamos como dinossauros ameaçados da extinção casual pelo impacto de meteoros. Estamos acostumados a uma história em que diversas espécies surgiram, tornaram-se dominantes e desapareceram, muitas vezes por acaso. E o cosmo é tão imenso que, embora conseguíssemos construir um motor que nos permitisse viajar a velocidades próximas à da luz, ainda assim o contato com qualquer galáxia ultrapassaria em muito a vida de um indivíduo. A história é gigantesca, e os limites são insuperáveis. A realidade está aí, desmesurada em relação aos nossos esforços para dominá-la. Ao mesmo tempo, uma responsabilidade inaudita pesa sobre nossas mínimas ações do presente. Quando usamos um desodorante que afeta a camada de ozônio podemos estar pondo em risco diversas espécies, inclusive a nossa.

A ética que se entrevê alia a responsabilidade imposta por nossa potência tecnológica à indiferença da realidade, à constatação de que a casualidade se imiscui em tudo o que há. Comoção pela fragilidade, não só a nossa. Podemos com ela problematizar a ética de aceitação do novo. Temos não só de lidar com a possibilidade de nossa extinção num futuro próximo. Devemos nos preocupar também com as gerações futuras de seres humanos e não humanos. Precisamos manter o possível, a possibilidade de que haja vida para nós e para os outros.

Não se trata de querer o novo, mas da responsabilidade de manter as condições de sua reaparição. De certo modo, é preciso instalar um tempo para a ponderação e também aceitar, ou até estimular, a experimentação de si com as novas tecnologias. Essa simultaneidade implica a desaceleração do ritmo das inovações. Não porque nos desumanizam, mas porque nossa transformação e a da Terra não podem estar sujeitas apenas ao ritmo dos desejos criados pela publicidade. Nossa responsabilidade requer a aliança entre a ciência e a democracia, e não apenas aquela entre a ciência e o capital.

O pacto entre responsabilidade e casualidade permite ainda recusar o temor e a esperança diante das novas tecnologias. Como acreditar que nos salvaremos, se, mesmo com toda a potência tecnológica, para nossas breves vidas, os limites são insuperáveis? E por que temer mudar se, nessa longa história, os homens já foram tão diferentes, os seres vivos mudaram tanto, e o cosmo não cessa de se multiplicar? Por que, sob nomes tão pomposos como bioética, tentar criar limites definitivos às inovações? Afinal, este limite "definitivo" nada mais é do que a tentativa — inevitavelmente fadada ao fracasso — de permanecer. Diante da imensidão do cosmo e de sua história, por que continuar alimentando o sentimento de um mundo feito para nós e à nossa medida, sentimento que já nos fez acreditar em Deus e que agora se manifesta como temor ou esperança diante das transformações que as novas tecnologias produzirão em nós e no mundo?

O futuro não é mais o que costumava ser. Por isso mesmo mudou o que pensávamos ser a nossa origem e destinação. Todavia, do ponto de vista de nossos temores e esperanças, continuamos humanos, demasiadamente humanos.

Notas

1. Explorei com maior cuidado o nexo entre mudança na concepção de doença e transformação das práticas de poder em "Corpo e risco", in Nisia Villaça et alii, *Que corpo é esse? (Novas perspectivas)*, Rio de Janeiro, Mauad, 1999.

2. Richard Rhodes, *Visions of technology (A century of vital debate about machines, systems and the human world)*, Nova York, Sloan, 1999, p.10.

3. Ver Bruno Latour, *Jamais fomos modernos*, Rio de Janeiro, 34 Letras, 1994.

4. Ver Manuel Castells, *A sociedade em rede*, São Paulo, Paz e Terra, 1999, cap.1.

5. William J. Mitchell, *E-topia*, Cambridge, MIT Press, 1999, p.89 [tradução brasileira, *E-topia*, São Paulo, Senac, 2002].

6. Friedrich Nietzsche, *Aurore*, Paris, Idées/Gallimard, 1970, p.100.

7. Ver Michel Foucault, *As palavras e as coisas*, Rio de Janeiro, Martins Fontes, 1981.

8. Sobre a relação entre ascetismo e moral no Ocidente, ver Friedrich Nietzsche, *Genealogia da moral*, São Paulo, Brasiliense, 1987.

9. Charles Baudelaire, *As flores do mal*, Rio de Janeiro, Nova Fronteira, 1985, p.101.

10. "Even a man who is pure in heart,/ and says his prayers by night,/ May become a wolf the wolfbane blooms/ And the Autumn moon is bright." Observe-se que *wolfbane* ("acônito") significa literalmente "poção de lobo". O poema foi extraído de Vivian Sobchack, *Screening space (The American science fiction film)*, Nova Jersey, Rutgers University Press, 1999, p.34.

11. Sobre a relação entre Lombroso e Stoker, ver Stephen Jay Gould, *The mismeasure of man*, Nova York, Norton, 1981, p.123.

12. Esta oposição ordena o argumento de Daniel Dennett em *Tipos de mentes*, Rio de Janeiro, Rocco, 1997.

13. A distinção foi proposta em Gilbert Ryle, *The concept of mind*, Londres, Penguin Books, 1963.

14. Uma apresentação clara dos limites da estratégia da enciclopédia ambulante encontra-se em Andy Clark, *Being there*, Cambridge, MIT Press, 1997.

15. Ver Steven Pinker, *Como a mente funciona*, São Paulo, Companhia das Letras, 1998.

16. Ethan Silverman e M. Eals, "Sex differences in spacial abilities: evolutionary theory and data", in J.H. Baron et alii, *The adaptated mind (Evolutionary psychology and the generation of culture)*, Oxford, Oxford University Press, 1992.

17. Ver respectivamente: Antonio Damásio, *O mistério da consciência*, São Paulo, Companhia das Letras, 2000; L. Cosmides e J. Tooby, "Cognitive adaptations for social exchange", in J.H. Barkow, op.cit.; S. Baron-Cohen, *Mindblindnes (An essay on autism and the theory of mind)*, Cambridge, MIT Press, 1995; D.R. Griffin, *Animal minds*, Chicago, The University of Chicago Press, 1992.

18. Ver D. Pinkas, *La materialité de l'esprit*, Paris, La Découverte, 1995.

19. O exemplo é extraído de Daniel C. Dennet, *The intentional stance*, Cambridge, MIT Press, 1987, p.256.

20. V. Sobchack, op.cit., p.39.

21. A articulação entre ressentimento e tempo está explicitada em Friedrich Nietzsche, *Ainsi parlait Zarathoustra*, Paris, Gallimard, 1971, p.175-81 [tradução brasileira, *Assim falava Zaratustra*, São Paulo, Martin Claret, 1999].

22. Um artigo interessante sobre existência e tempo profundo é o de M. Weyembergh, "Temps et mémoire dans l'Odyssée de l'Espace d'A. Clarke", in G. Hottois, *Philosophie et science-fiction*, Paris, Vrin, 2000, p.13-42.

A concepção do tempo: os prenúncios

• *Gerd Bornheim* •

Inicio com apontamentos de algumas generalidades sobre o tema. Nosso fito, em tudo provisório, está em estabelecer pelo viés de contrastes um realce mínimo, mas já suficiente, para que se perceba a originalidade ímpar das primeiras e hesitantes aproximações da temática do tempo.

A noção de tempo — que acompanha nem tão de perto esse seu primo pobre que é a noção do espaço — conheceu notáveis e esclarecedores favores ao longo da evolução do pensamento ocidental. Tantos, que soube desamparar a própria inteligência. Assim, já com santo Agostinho, no famoso capítulo XI das *Confissões*, deparamos com uma abordagem do tempo toda mergulhada no mistério, como aquilo que se sabe mas não se consegue dizer. Há em verdade, porém, uma doutrina agostiniana sobre o assunto, que encontra o seu núcleo na chamada *distentio animi*: o tempo presente seria uma extensão da alma humana.

Contudo, de fato, e não obstante os respingos teológicos, Agostinho não alcança ir muito além do rigor racional da interpretação de Aristóteles — este, sim, o primeiro grande intérprete do assunto. Pois o estagirita, além de emprestar ao tempo a estrutura racional que se tornou clássica, foi ainda o primeiro a perguntar se, caso não existisse a alma, faria algum sentido falar em tempo. E parecia-lhe que, sem a alma, toda a questão do tempo seria simplesmente devolvida à sua infra-estrutura, que está no movimento.

Se dermos um grande salto e pularmos para a outra ponta das interpretações sobre o tempo, topamos com dois nomes notáveis: o de Hegel e o de Heidegger. Com Hegel, na sua *Fenomenologia do espírito*, o tempo inaugura, por assim dizer, o próprio nascimento do espírito. Para nosso filósofo, na origem de tudo existiria — um pouco à maneira da vivência da criança, como reconhecerá mais tarde Merleau-Ponty — uma experiência absoluta, no sentido de que haveria uma fusão de tudo, dos despertares do espírito com a realidade percebida, e nem se poderia falar, kantianamente, em dicotomia sujeito-objeto. Digamos que o olhar de Adão, em seu momento primevo, poderia se confundir desavisadamente com esse seu mesmo paraíso; não haveria aí qualquer forma de distinção, de separação.

Acontece que, a partir desse momento áureo, surgiria o justo imperativo hegeliano que estaria na instauração do Espírito através do processo dialético e, por conseqüência, da ação do tempo. Digamos que o devanear dos olhos de Adão, como que a esquecer a plenitude de seu próprio pretérito, põe-se a distinguir aquilo que se via no paraíso, e isso fazia brotar três novéis categorias. A visão do homem primitivo situar-se-ia, garante nosso filósofo, variavelmente em três dimensões: a do isto — a coisa —, e as do aqui e agora — o espaço e o tempo.

Categorias são, já para Aristóteles, os nomes mais gerais de tudo o que é. Parece, então, e mesmo a justo título, que é no exercício da generalidade das três categorias originárias que o Espírito desdobra a própria razão de ser de sua gênese, e o todo é amparado pelas sombras do Absoluto. Por aí surgiriam os universais e a sua progressiva autonomia. A análise do filósofo merece evidentemente o melhor dos encômios, desde que se deixem de lado, contudo, os percalços do idealismo. Por isso que o idealismo, como de certo modo reconhece o próprio Hegel nas páginas iniciais de sua referida *Fenomenologia*, repousa sobre um truque que o leva a "esquecer" que o Espírito e os universais nascem na realidade sensível e no elemento por assim dizer corpóreo.

É justamente esse esquecimento das gêneses que parece não se verificar mais em Heidegger. Para ele, ser e tempo são co-extensivos, e aquelas sombras do Absoluto desaparecem de vez; tempo, ser, sentido e mundo são noções que agora acabam se equivalendo, e isso no plano da afinal reconhecida dimensão de uma finitude radical. Tudo está aí: as curtas observações feitas são suficientes para destacar a imensa responsabilidade histórica que cabe a toda a meditação mais de duas vezes milenar sobre a questão do tempo. Trata-se de um processo ao longo do qual a tradicional *onto-teo-logia* definidora da metafísica acaba por ver-se despistada a favor de uma ontologia da finitude, toda transida de temporalidade.

Faço ainda, e já por isso, uma segunda observação introdutória ao nosso tema, que comenta a conhecida e amplamente aceita tese defendida em um consagrado livro, *O sagrado e o profano*, da autoria de Mircea Eliade.[1] Sem querer entrar na discussão sobre essa abordagem, lembro apenas que Eliade estabelece uma distinção, sem dúvida muito rica, entre dois níveis de consideração atinentes às noções de espaço e tempo. Existiria o nível de um tempo e de um espaço profano, no qual se desenvolveria a vida usual dos indivíduos em determinada sociedade. A este se contraporia uma outra dimensão do espaço e do tempo, ligada agora a todas as coisas que codificam o mundo sagrado; e é claro que esse plano evidentemente superior funcionaria como critério ou medida para aferir tudo o que se passa no mundo profano.

Lembro, a propósito, que a palavra *templum*, templo, deriva do grego *témenos*, que designa a ação de cortar, de separar; *témenos* refere-se à parte da terra separada do lugar coletivo e reservado aos reis, aos chefes; e passa a ser, por aí, o terreno consagrado a uma divindade, território de um templo, bosque sagrado.[2] Isso significa que o tempo e o espaço sagrados comportam-se como medida e razão de sentido de todo o outro, de tudo aquilo que é simplesmente profano.

Sem reportar-me aqui ao texto do próprio Mircea Eliade, faço apenas duas breves observações que se referem às pontas extremas no contexto das quais se desdobra a tese. Ela me parece inteiramente válida, respeitada todas as diversificações históricas, para o longo interregno da compreensão possível do espaço e do tempo que estabelece precisamente os limites do seu legiferar. Quero dizer que, não obstante a validade dessa legiferação, cabe fazer uma primeira observação que se prende às origens de todo esse processo.

A tese parece pressupor que espaço e tempo já oferecem desde sempre certa consistência interna, embasada na plena constituição intrínseca de espaço e tempo, como se essas noções exibissem, desde as "imemórias" do eterno, algo como a consistência plena da realidade do próprio homem, incluídas aí as suas origens. Imagino que Eliade não tenha desconhecido o que afirmo, ainda que pareça caudatário de uma concepção substancialista ou essencialista das coisas.

Não obstante, faz-se importante observar que a noção de tempo na cultura homérica, por exemplo, de certo modo sequer existe. Por conseguinte, a experiência homérica do tempo não parece confirmar a tese de Eliade. Pretender que aqueles tempos configurem um estágio inferior já não faz sentido. Mas sobre essas origens me ocuparei a seguir — sem reportar-me a Eliade, já que não é propriamente o seu ponto de vista que está aqui a merecer nosso juízo.

Mas penso ainda em Eliade a propósito de uma segunda observação que se prende ao término de todo esse itinerário. Essa nova observação concerne aos tempos atuais, perpassados agora pelas mudanças, já sugeridas acima, introduzidas com as observações sobre Hegel e Heidegger. A dicotomia inventariada por Mircea Eliade empresta um privilégio excessivo — ou cujos excessos chegou a se manifestar em nossos dias — ao termo sagrado. Parece-me que já não se revela suficiente pautar o desenvolvimento de nossa sociedade hodierna por esse bloqueio recíproco entre o profano e o sagrado. Pois metamorfoseia-se em nosso tempo a natureza do profano em extensões em tudo inéditas, e o elemento sagrado, de sua parte, está longe de continuar a ostentar toda a majestade de outrora.

Realmente, verificaram-se nesse ponto modificações deveras essenciais, que desestimulam o conceito do sagrado, por ultrapassá-lo, através do fomento de novas grandezas que já deixam de oferecer qualquer vínculo alheio à autonomia do profano. Seja como for, o máximo que seria cabível admitir, abandonadas as concessões a velhos privilégios, estaria em que o elemento sagrado constituiria apenas uma modalidade particular de vivência do espaço e do tempo entre muitas outras nas quais o sagrado já não desempenha o menor sentido.

As idéias sucintamente arroladas pretendem apenas mostrar que tempo e espaço estão longe de poder exibir uma consistência eterna e estável. Muito ao contrário disso, topamos com noções que conhecem notáveis transformações — e nada lhes parece ser mais estranho do que a estabilidade das interpretações. Os cenários das leituras filosóficas sobre o tempo e o espaço chegam a ser até imponentes, mas o que hoje se percebe é que todas essas edificações repousam em certa fragilidade dos pontos de partida; e são sacudidas também pelas perplexidades com que se acompanham os desenhos que nossos dias vêm elaborando sobre essa imensa problemática.

As coisas chegaram hoje a ponto de dar a impressão de que foi perdido algo das forças das origens (já além de toda postura romântica e além ainda da excessivamente bem-comportada tese de Mircea Eliade), e que talvez seja preciso reconquistá-lo, mesmo que isso deva ser feito no entrosamento com as perspectivas dos novos avanços da filosofia e da ciência. Desfalece sem dúvida a idéia de conquistas progressivas a constituir visões definitivas, ainda que, de outro lado, tudo acabe se revelando definitivo, mas, agora, no sentido do eterno e incomensurável aprendizado do abecedário, tudo se deixando abalizar no contraponto dos condomínios do cosmo e do caos.

Mas devo ocupar-me do extremo oposto desse extenso itinerário que acabou desaguando no reconhecimento da inteireza da realidade do profano, a ponto de obliterar até mesmo os processos de profanação. E o que se aborda a seguir situa-se nas origens, a fim de perscrutar um pouco de sua natureza e de suas ressonâncias.

Penso aqui, portanto, apenas nas primícias da cultura ocidental e restrinjo-me a alguns passos dos tempos de formação dessas origens. Lembro, todavia, que conhecemos tão-somente a fase conclusiva da elaboração da epopéia com os textos atribuídos a Homero. Mas sabe-se da existência de uma história, possivelmente longa, de evolução do *epos* à qual não temos o menor acesso. As coisas começam, pois, para os devaneios interpretativos, com a sua expressão derradeira, com os textos homéricos, e já aí esses primeiros escritos manifestam uma riqueza extraordinária.

Para o nosso tema, o significativo está em ressaltar que esses inícios não oferecem uma clara e bem constituída concepção de espaço e tempo. De fato, tempo e espaço estão longe de estabelecer uma moldura delimitada dentro da qual caberia observar os marcos do desenvolvimento dos aconteceres míticos e, por extensão, também das vidas humanas.

Realmente, com Homero, verificam-se tão-somente os primeiros e imaturos relatos de cometimentos que, no decorrer dos séculos subseqüentes, passariam a instituir as bases para uma bem alicerçada doutrina sobre o tempo e o espaço. Mas nos poemas homéricos, expressão tardia de uma cultura dona de sua própria maturidade, inexiste uma idéia clara do que possa ser a temporalidade; encontramos aí apenas vestígios, mesmo que fundamentais, daquilo que a noção de tempo viria a ser. Mas não faria muito sentido responsabilizar Homero por subseqüências sobre o tempo, noção a respeito de que, em Homero, deparamos com um vazio total.

O tempo em Homero é essencialmente isto: algo que não existe, a experiência do vazio puro e simples. E vejam-se as distâncias: mais tarde verificar-se-ia até mesmo um processo de personalização do tempo; *khronos*, em Píndaro, já nas precedências do nascimento da filosofia, será "o pai de todas as coisas". Esse caráter personalizante atribuído ao tempo como entidade concreta continuará presente no mais antigo texto filosófico de que temos conhecimento, o de Anaximandro. Logo depois, em Empédocles, o que se esvai é justamente o processo de personalização do tempo, agora comprometido com os processos que o tornariam uma realidade racional.

Nada disso há em Homero — e sigo aqui as belas análises de Fraenkel,[3] em sua caracterização em tudo essencial do tempo nos versos de Homero. Mas nos inícios — isto é, no *epos* tardio — não existem tempo e espaço já constituídos. Tudo acontece na insciência de uma elaboração que nem desconfia a quantas veio. O tempo homérico implica, antes de tudo, o sentido de uma duração, e a característica dessa duração é que ela designa sempre muito tempo, ela se faz longa. E mais ainda — e neste particular também estamos muito aquém de Píndaro: *khronos* nunca aparece como um sujeito, ele se deixa configurar no reino da adverbialidade ou da adjetivação; são os acontecimentos e suas medidas que duram.

Interessantíssimo é o fato de que o tempo aparece sempre associado a uma experiência negativa. Fala-se do tempo enquanto ele se faz simplesmente vazio. Pensa-se logo aqui na longa espera de Penélope, a tecer e destecer interminavelmente o seu tapete. Essa longa duração e os seus deslimites instituem o tempo em uma espera que parece não ter fim. O aprendizado do tempo se faz justamente no vazio da longa espera: a espera inventa o tempo.

Observe-se ainda que no tempo homérico inexiste uma moldura organizadora que pudesse inaugurar algum tipo de cronologia. A *Ilíada* investe de saída na descrição do impacto da guerra de Tróia. Na segunda parte somos transportados para o cenário da última guerra, já no décimo ano dos acontecimentos; na terceira, sem que sejam referidas datas, narra-se a primeira guerra. Existiria nisso tudo alguma coisa que pudesse dar razão à tese da *Ilíada*? Talvez, mas, se for o acaso, de modo extremamente rudimentar. A cena da caça, por exemplo, na *Odisséia*, é minuciosamente relatada em todas as suas partes; segue-se estritamente uma espécie de ritual, por se tratar de um sacrifício de ordem mítica. Já o banquete que vem depois carece de importância, é descrito em dois breves versos (isso tudo, formalmente, não deixa de lembrar a liturgia da missa).

Insisto: existiria nos compassos homéricos algum indício do tempo tal como seria constituído posteriormente? Fraenkel não examina diretamente o tema. mas acena com ele, ao chamar a atenção para a importância do dia. Parece-me que, neste ponto, encontra-se o nascedouro da noção de instante. Mas o dia constitui experiência privilegiada a resumir em si algum tipo de acontecimento importante, como dia do destino, a aglomerar, por exemplo, acontecimentos terríveis. O dia representa, no final das contas, uma percepção organizada com começo e fim, como que a ensejar a vinda de um momento importante. Não é por menos que, ainda na tragédia, tudo se passe na duração de um dia, agora organizado em princípio, meio e fim, a conglomerar em três atos a culminância do evento trágico.

Permito-me lembrar, nesse contexto, o significado de uma palavra que parece ser um privilégio da língua grega: *kairós*, a designar um certo momento dentro da duração do tempo. Um exemplo: existe na mitologia a figura da cobra alada de muitas cabeças; pois quando a cobra, qualquer cobra, se sente atiçada, ela arma o seu bote e só se lança sobre a ameaça no momento exato de garantir seu sucesso — esse momento é o *kairós*.

Outro exemplo: a virtude fundamental de um general em um campo de batalha está também exatamente em saber do *kairós*: qual o preciso momento em que o exército deve avançar sobre o inimigo para não pôr tudo a perder. Imagino que seja por aí, nessas veredas, que comece a ser elaborada a noção de instante, de conseqüências em tudo radicais para a concepção ocidental do tempo.

Seja como for, não encontramos em Homero um sentido desenvolvido do que seja o tempo. Mas logo em seguida as coisas passariam a armar-se de modo diferente. Assim é que, com os jovens líricos, Arquíloco à frente, surge de modo incipiente a vivência do eu, do aqui e do agora, a deparar com a totalidade do dia. Os temas se adensam ainda mais no início do século VI, com Sólon. Este político começa a ver uma certa necessidade até mesmo de legalidade na aparente arbitrariedade da seqüência dos dias. O tempo passa a ostentar certa força reparadora, a castigar o injusto. Assim, ele constrói o futuro, é garantia de justiça, e por aí faz-se, em resguardo da própria verdade.

De permeio está, em uma evolução de passos difíceis de serem seguidos, a figura de Píndaro. Para o novo poeta já não existe o menor resquício do tempo vazio de Homero. O tempo é agora plenitude de uma personalidade. Como foi referido, ele chega a ser o pai de todas as coisas. E um avanço fundamental no processo de superação do elemento arcaico foi dado por um contemporâneo de Píndaro, Ésquilo. Com ele, nos inícios da tragédia, mas apenas na *Oréstia*, observa-se pela primeira vez o tempo passado, não mais o vazio da espera, mas a constituição total e linear do tempo.

Assim, um passo fundamental começa a ser dado, pois as opiniões bandeiam-se da esfera mítica das tardias personalizações para as interpretações filosóficas. O tempo inicia então a ser objeto de análise racional, ou seja, o pensamento põe-se a interpretar e mesmo a medir o tempo como realidade cronológica, enfim provida de certa racionalidade. Claro que no começo dessas andanças filosóficas o tempo, como seria de esperar, apresenta-se ainda como força determinante e conduzida pela própria justiça — o que aparenta singularmente o pensamento dos jônios à temática da tragédia grega, estabelecendo-se então aí um interregno todo singular. Não é por acaso que Nietzsche discorreu sobre a filosofia no tempo trágico dos gregos. Mas o contrário seria igualmente válido, e poder-se-ia falar da tragédia no tempo filosófico dos gregos.

Mas a vontade de aproximar o jovem pensamento pré-socrático da tragédia acaba, entretanto, revelando-se curto demais. Curto porque não se consegue ir muito além do fragmento de Anaximandro.[4] Mas a aproximação — e ela existe, posto que tudo brota de um mesmo sentido das bases — revela-se também insuficiente, por escamotear o problema talvez maior que está nas distâncias facilmente verificáveis entre tragédia e filosofia. A grande pergunta para que se entenda toda a extensão do problema é: onde está a medida? Onde está o *metron*, aquilo que julga tudo o que acontece na densidade de um dia?

A resposta — e é essencial para a necessária pedagogia política da tragédia que haja uma resposta — está na justiça, na deusa Diké, que resolve em sua soberania resgatar o velho e esquecido Édipo. Sem a plenitude dessa medida, a tragédia desfaleceria em sua própria possibilidade.

Apenas para insinuar as multifaces que sobressaem de nossa temática, digamos que, por ser desprovida do sentido trágico da medida, a comédia, ela sim, se faz possível enquanto destituída de um sentido essencial de pedagogia. De fato, a comédia ignora a grande medida, ela já não educa, ou vem imbuída apenas de uma pedagogia menor. Pois o que está em causa nem é mais medida; e, em definitivo, a comédia já nem é arte, segundo uma idéia que atravessará toda a cultura ocidental. A questão da medida vai tão longe que as coisas começam a modificar-se apenas nos tempos modernos. Mas Hegel, o autor da última grande estética depositária dos antigos grandes valores, afirmará com uma segurança insuspeita que a comédia não é arte. A medida é tudo, é o fundamento de qualquer pedagogia válida.

O ponto de partida da pergunta filosófica reside exatamente neste ponto: onde está a medida? E nos inícios a filosofia não deixa de submeter-se até com facilidade à velha mítica, e a justiça divina é tudo. Na comédia, as coisas foram rápidas. Ainda que ela resguardasse os valores fundamentais da cidade, a medida sem dúvida perde a sua majestade, já não enseja a pedagogia do elemento trágico. Já a filosofia, em sua sisudez dialógica, nada tem a ver com os transbordamentos das notícias cômicas.

Parece que nem o enciclopedismo de Aristóteles ocupou-se do tema da comédia. Mas isso é um mistério: como conciliar a catarse trágica com a cômica? Entretanto, na filosofia, os cometimentos fizeram-se imensamente mais complicados: existe algo de mais divino e decisório do que a justiça em Platão? Ou, ao cabo da metafísica ocidental, existe algo que possa escamotear a onipresença hegeliana da justiça sempre divina? Mas esqueço aqui a atravessadiça problemática da metafísica mais de duas vezes milenar, toda imbricada em uma racionalidade de natureza *onto-teo-lógica*, e volto à pureza dos inícios do despertar da racionalidade.

A filosofia, já nas sua origens, não embarga tanto o próprio sentido de sua vocação, que consiste em submeter-se aos critérios da racionalidade — primeira grande afirmação histórica da realidade humana, a vocação primeva da razão, mesmo que encoberta pela presença da deusa, está em tudo subordinar aos critérios da própria racionalidade. Nesses alvores, detenho-me aqui em dois exemplos. O primeiro está em Heráclito, e o segundo em Zenão de Eléia.

Muito estranhamente Heráclito é tido pela quase totalidade dos historiadores da filosofia como tendo sido o primeiro grande pensador do movimento, ou seja, daquilo que acontece no espaço e no tempo. Nesta linha de interpretação, tudo seria, para o grego, movimento; e o movimento habitaria as pontas mais extremas e os resíduos mais profundos de tudo o que existe. Em verdade, tal interpretação deixa ressoar algo como a sensibilidade pós-metafísica de nossos dias. Mesmo a interpretação inovadora de Hegel — "aqui avisto terra" — revela um entusiasmo que beira a insciência.

De fato, o primeiro grande pensador que soube pôr o movimento no ser mesmo de tudo o que é foi sem dúvida Bergson, já a partir de sua obra de 1907, *A evolução criadora*. Aqui, sim, a tese defendida mostra-se totalmente contemporânea. A realidade já não se deixa aferir dentro dos parâmetros de qualquer tipo de estabilidade metafísica. Pretende-se agora que tudo aconteça como turbilhão fundamental, e os escopos estariam em construir alguma estabilidade outra que possa tornar a vida possível, seja por meio do pensamento, da ciência, da civilização ou da cidade. A vertigem cósmica não poderia constituir-se em horizonte definitivo do homem.

Não devemos esquecer ainda a belíssima tese de doutorado de Spengler, defendida por volta de 1912, que é simplesmente exemplar, justamente pelo seu excesso.[5] Este ensaio tão esquecido e tão radicalmente contemporâneo defende ardorosamente um ponto de vista que nada tem a ver com o espírito ou com a letra dos fragmentos heraclitianos: a de que toda a realidade consistiria em um processo de movimento absoluto. Logo se vê: os titubeios de Hegel, a grande arquitetura de Bergson e a ênfase de Spengler são interessantes para que se entenda o pensamento de nossos dias, e nada apresenta de comum com o que ocorreu no passado.

Veja-se Heráclito, basta lê-lo. Está claro que ele pensa o movimento, como é claro também que ele tenta esclarecer o movimento nos termos da racionalidade possível para a sua época. De modo muito percuciente, o que Heráclito faz é resgatar o movimento do próprio sem sentido originário do movimento. Não se deve esquecer que, na tradição grega, o que existia originariamente era o caos. Os gregos inventaram os caminhos possíveis para a superação dessa desmedida originária.

Já na Antigüidade clássica associava-se a água, tida por Tales como elemento primevo de tudo o que existe, ao caos. Por que não avançar que Heráclito contrapunha criticamente essa água desprovida de forma à força de um fogo eternamente vivo, que se acende e apaga conforme a medida?

Entendo que mesmo a tragédia grega ocupa-se de um certo tipo de invasão do caos; e é por isso que ela se prende ao tema da desmedida do tirano e à possibilidade essencial da educação de trazer o tirano de volta para a necessária pedagogia da medida. Pois o que Heráclito faz é exatamente isto: ele não busca o mergulho incomensurável no movimento, mas averiguar e estabelecer quais seriam os tópicos que poderiam fornecer ao movimento os seus princípios de inteligibilidade, e isso já longe das medidas caóticas.

Heráclito foi por excelência o pensador da medida, ainda que dentro de um mundo trágico, visto que sempre ameaçado em tudo, desde a realidade física até as intempéries políticas, pelas forças do caos. O caos não era visto como uma realidade passada e ultrapassada, mas como uma força a envolver e fazer periclitar a própria constituição da harmonia cósmica.

Nosso filósofo examina dois pontos para pensar o movimento e emprestar-lhe o possível de estabilidade: a doutrina pendular dos contrários e a presença do logos, do deus. A doutrina dos contrários talvez estabeleça o primeiro grande avanço da racionalidade no contexto dos primórdios da filosofia grega. A constatação de base adentra-se na observação do óbvio, já que tudo se faz por contrários, da necessidade dos opostos: noite e dia, inferior e superior, grande e pequeno, e assim por tudo. E há também a paz e a guerra, a concórdia e a discórdia, ou, ainda, a medida e a desmedida.

Os pré-socráticos prendiam-se muito à idéia de pêndulo. Tudo seria pendular, constituindo-se no movimento de um vaivém notável por sua precisão, de tal forma que um dos termos da dicotomia só alcança ser em função do outro. Trata-se sempre de um movimento, de um chegar a ser, da empresa de uma função na qual a medida de cada termo se estabelece pelo seu oposto. Com a doutrina dos contrários Heráclito pensou pela primeira vez a legalidade do movimento, que depois seria retomada pela *Física* de Aristóteles, que lhe emprestaria sua expressão por muito tempo tomada como definitiva.

Chamo a atenção para um fragmento de Heráclito, exemplar único na multidão de fragmentos dos pré-socráticos, que Aristóteles jamais teria assimilado em sua *Física*, ou em sua *Metafísica*, e muitíssimo menos na intransigência de sua *Analítica*. Trata-se de um fragmento que consegue abrigar pela primeira vez a idéia de contradição, ou melhor, de contra-dicção. O texto pretende que, se não houvesse a injustiça, não conheceríamos nem mesmo o nome da justiça.

Hegel certamente não conheceu esse asserto de Heráclito. Se o tivesse conhecido, com toda probabilidade teria escrito um tratado inteiro sobre as poucas palavras destinadas talvez a redimensionar toda a história da filosofia. Ou seria o dito do filósofo apenas uma ênfase polêmica qualquer? Mas o texto existe. Nele, o que Heráclito faz restringe-se apenas a isso: o nome, ou seja, o conceito, só pode ser reconhecido ou constituído pelo seu contrário, e o contrário se faz pelo negativo; a negatividade da injustiça é que levaria à própria possibilidade de elaboração do conceito da justiça. Espantos: e a quantas ficamos com a deusa? Paga-se agora certo tributo ao caos? Haveria algo com certa medida na desmedida? Os andares da filosofia ostentam na contradição desses insalubres detalhes sua própria razão de ser.

O outro tema heraclitiano para se pensar a consistência do movimento — e, por extensão, o espaço e o tempo — está na presença sempre abrangente do logos. Nesse ponto, o melhor fragmento de nosso filósofo não poderia ser esquecido: "É sábio escutar não a mim, mas as minhas palavras (*logoi*), e reconhecer que tudo é um." Isso quer dizer duas coisas: que as palavras, o discurso do filósofo, são apenas uma forma de escuta daquilo que diz o próprio logos, a palavra ou a razão divina; o filósofo a rigor nem existe, quem fala é sempre o próprio deus, e isso através da fala, das palavras do filósofo; mas a arte fundamental do filósofo está em saber escutar, e isso porque tudo, absolutamente tudo é entendido a partir do ato do desenvolvimento.

A medida aqui transcende o simples raciocínio, e a virtude desse raciocínio estaria meramente em saber acolher a palavra mais alta, a do logos divino. Isso leva a reconhecer, em segundo lugar, que todos os banhares humanos, na instabilidade do movimento das muitas águas que sempre e sempre passam, podem se organizar tão-somente a partir do arranjo perene do leito do próprio rio, do fundo estável do próprio logos sempre igual a si mesmo.

Claro que, nesse passo, o discurso filosófico se vê originariamente caudatário da vertente mítica. Mas, agora, já apoiado em um processo que começa a inventar as exigências da racionalidade, vê finalmente na razão, ainda que divina, o princípio estipulador da estabilidade, a sustentar toda a nervosidade do movimento.

Os esforços de Heráclito relativamente ao tema que nos está ocupando talvez possam ser concertados em três itens básicos. O primeiro leva a reconhecer que nosso filósofo realmente tem tudo a ver com a questão do movimento; digamos que sua perspicácia na observação da mutabilidade das coisas pelo movimento realmente se revela excepcional. E não haverá exagero em afirmar que ele foi o primeiro grande pensador dessa experiência essencial do ser humano. Mas, em segundo lugar, deve-se reconhecer que esse mérito está longe de significar algo como a imersão no movimento a esvair-se em suas próprias primícias.

O movimento não está aqui a posar como uma espécie de realidade absoluta, à maneira de constituir o estofo último de nosso mundo. Bem distante disso, o empenho de Heráclito está em desenvolver critérios, certos parâmetros para que os juízos garantam não somente a validade do próprio juízo, mas principalmente a estrutura dessa realidade maior do movimento. Como vimos, ele faz isso em dois pontos: os contrários como princípios de inteligibilidade de tudo o que se move; e também, e mesmo precipuamente, pelo vasto lastro do logos divino, que tudo sabe harmonizar em si.

Ressalte-se ainda, em terceiro lugar, o merecimento por ter sido Heráclito o primeiro a tentar pensar o movimento dentro de procedimentos os mais racionais quanto possível. Este, de resto, foi o afã maior da filosofia pré-socrática, o de trazer tudo para os alcances da racionalidade. Parece importante observar também que Heráclito realizou esse intento em dois níveis: o da observação dos fatos que nos cercam, fazendo ver que os contrários regulam a valer o comportamento dos fenômenos; ao reparar ainda que esse esforço de constituição da cientificidade acaba encontrando o seu amparo — na época as coisas nem poderiam ter acontecido de outra maneira — na racionalidade do próprio logos divino.

O segundo filósofo acima anunciado é Zenão, também ele, como seu mestre Parmênides, natural da cidade de Eléia, situada às margens italianas do Adriático. A observação sobre o detalhe geográfico é significativo, porque mais abaixo da Eléia, já em pleno sul da Itália, vicejava a escola pitagórica que fazia do número a essência de todas as coisas. A doutrina pitagórica apresentava caráter esotérico, sendo por isso pouco conhecida. Assim é que Platão só entrou em contato com o ideário pitagórico quando de sua viagem ao sul da Itália, quando lá conheceu Filolau, que foi o grande herege da escola, por divulgar publicamente a doutrina proibida de seus avoengos. Seja como for, a passagem do plano esotérico para exotérico só poderia oferecer uma intrincada história. Mesmo porque o pensamento de Zenão, o pai da dialética, segundo Aristóteles, parece tornar-se pouco inteligível se prescindirmos da presença das teses pitagóricas.

Zenão tornou-se famoso por sua série de argumentos contra o movimento. Nos passos de sua argumentação, o movimento configuraria um absurdo radical. Apenas para reavivar a memória do leitor, cito apenas sua demonstração mais simples. Um atleta, ao correr no estádio, para alcançar a meta final, deve percorrer antes a metade do percurso total; e, antes desta, a metade, a metade da metade; e ainda, antes, a metade da metade da metade, e assim ao infinito. Segue daí que nosso esforçado atleta, para atingir o seu alvo, teria de transpor nada menos do que o infinito. Logo, o movimento não passaria de um absurdo.

A anedota histórica relata que um certo Diógenes, ao ouvir a esperta argumentação, simplesmente levantou-se e pôs-se a caminhar. A questão está em saber se Zenão aceitou a crítica tão ingenuamente proposta por Diógenes, que, afinal, acabava implicando a suspensão do próprio discurso. Talvez se deva dizer que a grandeza da dialética, já na prática de Zenão, está em reconhecer que seu raciocínio enfrenta fronteiras que podem acarretar a sua própria suspensão — essa dialética teria tudo a ver, então, com o absurdo. E não era esse o objetivo da confrontação entre teses e contrateses em que se compraziam os gregos?

Não entrarei aqui nos comprometimentos parmenídicos de Zenão. Entretanto, seus variegados argumentos sempre tão concisos querem provar exatamente o contrário daquilo que demonstram — esta é, aliás, a força máxima do diálogo de tipo dialético. Nem pretendo que o que estou afirmando possa ser original. Mas parece-me que a astúcia dialética encontra a sua maior força justamente por uma inversão de teses.

Assim, o arguto Zenão, no seu engodo dialético, colocava-se ficticiamente no lugar de seu opositor, como que assumindo dramaticamente a sua tese, situado em verdade na antítese, provando o absurdo do argumento elaborado pelo próprio Zenão. Ora, o confrontador só poderia estar na tese pitagórica. Realmente, se abandonarmos a tese parmenídica da homogeneidade fundamental do cosmo e adotarmos a tese inversa, que pretende que tudo é número e figura, caímos em uma espécie de matematicidade ontológica que leva por força a negar essa evidência maior que está na presença do movimento.

Daí o absurdo do pitagoricismo. Se a realidade fosse descontínua, o movimento sequer poderia se verificar, e os raciocínios justificariam pelo absurdo as teses pitagóricas. Mas Diógenes não podia ser o ingênuo idiota que Zenão certamente também não era. Parece bem mais plausível imaginar que Diógenes sabia das artimanhas da dialética e, ao pôr-se a caminhar, estava apoiando pelo avesso os bem elaborados discursos de Zenão.

O extraordinário em Zenão está na afoiteza de seu jogo puro e simples da idéia pela idéia — o "se" nos acontecimentos. Trata-se de conceitos que se entrechocam e querem resolver-se no entretido comércio de sua própria racionalidade imanente. A dialética grega é o mais significativo evento a mostrar a consolidação primeva de um tipo de raciocínio plenamente coadunável com uma atividade simplesmente humana.

Isso quer dizer que aquele fundo teológico — o do logos heraclítico, por exemplo — estaria destinado a desaparecer? Mas digamos, por prazer todo nosso, que essa teologia se torna, com Zenão, ou com aquilo que dele chegou até nós, algo como um jogo subjacente, posto que caudatário do grande inventor da metafísica que foi Parmênides. Imaginemos, então, por fantasia, que Zenão era mais dado às coisas do esporte. Esporte, claro está, do pensamento, e de um pensamento averiguável no contexto do espaço e do tempo: qual a realidade de um atleta tão bem situado em seu estádio?

Aristóteles afirmou, como foi dito acima, que Zenão era o pai da dialética. Acontece que a lógica aristotélica encontra seu fundamento último e por assim dizer definitivo, inclusive para os tempos subseqüentes, na teologia. Mas acontece também que, por certa ironia, o próprio Aristóteles quase não usou de sua lógica metafísica, ainda que admirasse o seu andamento exato. Mas o filósofo preferia quase sempre — e sempre mais, com o avançar dos anos — as andanças de uma dialética firmemente ancorada na experiência — não só a dele, saliente-se, mas a experiência da própria cidade grega. E aí, tudo é espaço e tudo é tempo.

Notas

1. Mircea Eliade, *O sagrado e o profano*, Lisboa, Edições 70, 1999.

2. Émile Pessonneaux, *Dictionnaire grec-français*, Paris, Librarie Classique Eugène Belin, 1953, p.1410.

3. Hermann Fraenkel, *Die Zeitauffassung in der fruehgriechieschen Literatur*, in *Wege und Formen fruehgriechischen Denkens*, Munique, C.H. Beck, 1955.

4. Ver Gerd Borheim, *Os filósofos pré-socráticos*, São Paulo, Cultrix.

5. O ensaio de Oswald Spengler, *Heráclito*, parece de difícil acesso; mas há uma excelente tradução do texto, feita por Rodolfo Mondolfo e editado pela Espasa-Calpe, de Buenos Aires, 1947.

Nietzsche: o tempo e a têmpera

• *Henrique Antoun* •

Há cem anos morria Nietzsche, um filósofo que se dizia intempestivo. Embora um dos significados dessa palavra seja "inatual", não se poderia dizer que Nietzsche se encontre ausente de nossa atualidade. Mas essa presença tem uma forma bastante inusitada longe dos muros das academias. Uma rápida pesquisa de seu nome na Internet nos traz 71 resultados, se usarmos o Copernic, e 2.814, se usarmos o Web Ferret. Podemos encontrá-lo exercendo grande influência no ativismo político de movimentos como o Direct Action Network (DAN) — um dos principais mobilizadores das manifestações em Seattle contra a Organização Mundial do Comércio (OMC); ou então no pensamento dos hackers ligados ao grupo cult of Dead cow (cDc), criadores do temido Back Orifice. Na newslist capitaneada pela revista *2600*, principal fórum de discussão dos hackers, ele tem presença constante. O mesmo se repete na lista de discussão sobre o hacktivismo e do movimento de software de domínio público, sobretudo na comunidade que cria programas gratuitos para troca de arquivos, como o Napster e o Gnutella. Como se não bastasse, o grande jogador de basquete Shaquille O'Neal — principal motor da afiada máquina dos Lakers — declarou em recente entrevista que considera Nietzsche sua alma gêmea.

Seria entretanto errôneo imaginar que a atualidade do filósofo contradiga sua pretensão de intempestividade. Pois ele soube como ninguém resistir aos apelos que sua atualidade fazia sem cessar para que se entregasse a seu curso, ao ser convidado a escolher entre as opções trazidas ao cotidiano pela sociedade européia do século XIX. Soube romper com Wagner quando este pretendeu impor-lhe a proibição de cultivar a amizade com Paul Rée, porque este era judeu. Soube recusar o ufanismo imperialista alemão e a realpolitik do bismarckismo, que eram moeda corrente entre os bons alemães. Soube repelir o moralismo ressentido travestido de anarquia que pensamentos como o de Dürhing e Feuerbach exprimiam. Soube criticar a ciência moderna por sua triste religiosidade e declarar aos cientistas que eles não eram mais do que sacerdotes crucificando a vida em seus laboratórios. Soube denunciar o anti-semitismo como tentativa covarde por parte do ressentimento para gerar agitação popular. Em suma, sempre soube recusar as estreitas escolhas aconselhadas pelo bom senso e o medo que a sua atualidade oferecia.

Também nossa atualidade oferece um torpe leque de escolhas para apimentar o aborrecimento do dia-a-dia. Precisamos escolher entre a violência da Modernidade e a da miséria, entre a soberania da ONU e a de Saddam Hussein, entre a prepotência da Otan e a da Sérvia, entre a boçalidade do assaltante e a da polícia — tudo isso enquanto assistimos ao desfilar sem fim do desalento dos que nunca mais terão um emprego, ao estarrecido amanhecer dos iraquianos fundidos aos escombros dos bombardeios, à fuga desesperada dos kosovares no fogo cruzado entre a Sérvia e a Otan, ao aterrorizante espetáculo da histeria dos reféns fabricados pelas empresas para servir de escudo vivo na proteção de seu dinheiro. Enquanto tudo pipoca sem cessar, colorindo nossa digestão, caminhamos pelas ruas, tropeçando nos corpos estirados do ser que aí habita o desamparo dos bancos e das calçadas, errando sem fim por terra, mar e ar, suportando o eterno exílio da vida no império global. Até que uma intempestiva Seattle irrompa súbita — transformando o desamparo em festa, a errância em comício e o exílio em luta —, para nos lembrar, em seu sopro de vida, a estupidez que essas escolhas encerram.

Nada mais previsível do que a estupidez. Podemos sempre contar com sua presença em nossas antevisões. O próprio antecipável é a forma pura da estupidez, e é a ele que prestamos contas em toda história dos acontecimentos. A estupidez é o antecipável de todo acontecimento, a universal verdade que dele se encarrega *per omnia secula seculorum*. Presa ao coração da atualidade como uma coroa de espinhos, ela nos fala com ares de douta sapiência da canga do medo ao novo — hoje passeando pimpão o vistoso traje do risco — que trazemos firmemente atada aos ombros da conveniência cotidiana. Se na Modernidade o futuro batia às nossas portas e precisávamos estar preparados para enfrentar os seus desafios, na contemporaneidade o futuro já começou — nós o trazemos em nossos genes, em nossos vícios e em nossas dívidas —, e precisamos conjurar a fatalidade nele anunciada nos programas que vamos confeccionar para reger as nossas práticas. Pois a genética nos ensinou que a evolução é conservadora, decidida no consenso bilionário da relação dos genes; o desenvolvimento é avaro, decidido na auto-sustentabilidade da consumação das energias finitas; e a sabedoria é mesquinha, decidida na seleção da informação adequada que eliminará o excesso de dados do fato atual.

O marketing, em sua elaboração das formas de garantia do sucesso, é o grande ditame moral da atitude contemporânea. Ele nos aconselha a escolha de procedimentos de baixo risco para integrar a grade de nossa programação diária no cálculo de nossos gestos. A fama deixou de ser o brilho efêmero do que se distingue na ousadia de um ato, para tornar-se o sucesso de um programa de ação medido pelo ilimitado de sua continuidade no tempo. Dominado por esta forma, o ser tornou-se leviano em nossa atualidade. Pois hoje não nos confrontamos mais com a verdade ou a falsidade da existência, como na Antigüidade; ou com o caráter autêntico e inautêntico da existência, como na Modernidade. Agora somos convidados a escolher entre o excesso e o sucesso da existência. Devemos decidir consensualmente a eliminação do risco trazido por todos esses seres aí sem teto, sem terra, sem proteína, sem capital, sem crédito, sem saúde, sem emprego, sem raça, sem língua, sem rumo e sem pátria — que não podem ser absorvidos pela lógica da antecipação do mundo globalizado.

Compreender o pensamento de Nietzsche leva-nos a olhar nossa atualidade sob uma nova luz. Oscilando entre a tentação da imersão virtual e a sofreguidão da correria de hoje, o intempestivo pode nos fazer lançar um basta aos infames convites, levando-nos ao enfrentamento com as conveniências fatais de nosso tempo. As novas práticas de auto-organização, impulsionadas pela realidade da Internet, dominam as manifestações políticas atuais, em que os grupos de afinidades afetivas, a respiração iogue, a resistência não-violenta e o teatro carnavalesco de rua se irmanam ao pensamento deste filósofo que nos ensinou a ser dinamite para o conformismo cotidiano de qualquer época.

Mas o que liga Nietzsche a nós e ao nosso mundo é também o que o torna ainda mais inatual. Pois embora cem anos tenham se passado desde sua morte, ainda estamos no mesmo instante do tempo invocado em seu pensamento, hesitando entre a galhofa e o pesado suspiro. O niilismo espalhou-se pelas consciências, e o bom senso científico não enuncia mais suas verdades sem invocá-lo de modo profundo em seus modelos. Dirigindo-se ao homem do século XIX, Nietzsche constatava: "... ainda tendes caos em vós, mas chegará um dia em que não mais o tereis". Somos esse dia: o dia da cientificidade do caos. Feliz o homem do século XIX, que podia viver o presente a expensas do futuro, suportando o ressentimento cotidiano com o estremecido êxtase das utopias. No mundo atual o futuro foi todo gasto, já brota esgotado nas antecipações do presente, cobrando de nós seu débito em nossas dívidas, nossos vícios e nas doenças que portamos em nossos genes. A evolução conservadora dos genes, a auto-sustentabilidade energética do consumo e a mesquinharia seletiva informacional fazem parte de um só instante, o mesmo usado para traçar o diagnóstico do século XIX, transformando-o em nossa própria destinação.

Os últimos duzentos anos transcorreram na duração de um só instante. Um tempo fatídico guardado nos cochichos afônicos de um demônio ou de um anão. Seria preciso um outro instante para esse dito ecoar e ser ouvido. Mas o tempo de vertigem, que parece nos levar de roldão em seus giros, ainda é o mesmo instante em que Nietzsche intuiu os sintomas e deduziu a doença. Poderíamos fazer esse instante passar se o diluíssemos em alguma lembrança. Entretanto, isso exigiria que nos tornássemos finitos, o que recusamos. Para nós, tempo e ser é o que não se dá, mesmo que as clareiras surjam cheias de murmúrios. Tempo e ser é o que se rouba sem cessar do viver, quando este se abandona ao infinito de um instante.

O pensamento é veloz, mas a existência é lenta. O que se inscreve no pensamento como um seco diagnóstico, se esgarça na lentidão das hesitações cotidianas da existência como um largo e interminável instante. Meia-noite perdida de alguma maturidade, ou meio-dia jogado fora de algum alvorecer, a hora sem sombras é uma adorável sereia cuja sedução desconhece cordas e mastros. No esplendor do meio-dia ou no terror da meia-noite, tagarelam sem cessar os demônios e os anões sobre a infinita falta de assunto de nosso tempo. Ambos emprestam o pomposo nome transcendental de incompletude à infindável banalidade de nossa existência. A incompletude humana é o epitáfio de nossa finitude.

No século XIX a experiência do eterno retorno abria-se na hora mais escura, meia-noite de alguma maturidade, quando um demônio vinha cochichar as terríveis palavras que diziam: tudo o que vives, tudo o que vivestes, viverás ainda uma vez e eternamente. Era a mais terrível e a mais esplêndida das experiências, pois a voz do demônio emergia onde até então só havia o vazio do tempo. A maturidade era o mais tardio, porque chegava tarde demais para impedir a constituição do tempo perdido que tornaria insuportável a experiência do vazio do tempo, quando ele se apresentasse como um tempo sem origem ou finalidade. Mas, a partir da presença dessa voz, esse pensamento podia ganhar poder sobre aquele que o experimentava, fazendo com que ele pudesse exercer um critério ético de seleção sobre cada instante da duração, ao indagar-se: quero isto aqui ainda uma vez e eternamente?

Desta forma o mais tardio tornava-se também a metamorfose do antigo no virtual, liberando o intempestivo para uma vida que até então caminhara nas trevas da meia-noite. O homem adulto e maduro, que vivia assediado pelas seduções e induções do poder do capital — como seu público-alvo e padrão —, aquele em quem a publicidade lançava incansavelmente o sopro de seus apelos ao meio-querer e às pequenas vontades, ganhava assim um poderoso critério ético para construir sua resistência.

A contrapartida para o mais tardio era a juventude, o meio-dia ensolarado da outra hora sem sombras, lugar onde o frescor das forças abandonava-se ao patos dos impulsos, buscando sua realização. A juventude era a inocência que chegava cedo demais para a compreensão da experiência do tempo perdido. Mas após um século, que comportou em seu interior duas grandes guerras e alguns genocídios misturados às suas revoluções, cabe-nos indagar sobre o sentido dessa juventude em nossa atualidade. Pois o meio-dia ensolarado da hora sem sombras pode ser também o lugar em que a atualidade se deixa corromper pelo futuro, confundindo sua juventude com a facilidade da entrega ao poder espetacular do controle do capital.

Hoje a atualidade se entrega sem resistências à transformação das antigas projeções utópicas da Modernidade nas novas antecipações cronotópicas da Pós-modernidade. A juventude é vivida atualmente através de uma adolescência viciada, endividada e portadora, conhecendo um apodrecimento sem maturidade, quando soam as badaladas da hora mais silenciosa. A contemporaneidade irresistível da irradiação do espetáculo de sua fraqueza, da dissolução de suas forças, da ridicularização de seus impulsos e da conformação de sua espontaneidade, que povoam as grades de programação das grandes redes e enfeitam as imagens das peças publicitárias, são a imolação sacrificial da juventude no sagrado altar do capitalismo financeiro. O esgotamento da potência é o sentido da espetacularização da juventude, o segredo sem véus da corrupção das forças, no irresistível apelo de sua dissolução na autocontemplação de seus exercícios.

O pressuposto básico do eterno retorno era que não podíamos mudar a vida ou o mundo, embora sempre estivéssemos envoltos pelo Estado e pela religião nas promessas de um outro mundo e de uma outra vida. E o fato de precisarmos fantasiar outro mundo e outra vida, milênio após milênio, era o mais escandaloso sintoma de que estávamos fartos do homem. O além-homem surgia como resposta óbvia a esse cansaço. O homem não podia ser escolhido como aquilo que queríamos ainda uma vez e eternamente a cada instante. Cabe lembrar que nossa atualidade é esta, capaz de transformar o mundo e a vida pela tecnologia e a genética. E transforma a vida e o mundo — gerando as galinhas transgênicas do McDonalds ou destruindo uma imensa lagoa para abastecer com água a Califórnia — para fundar a eternidade do homem. O projeto genoma nos anuncia duzentos e cinqüenta anos de vida para as gerações do século XXI. Serão duzentos e cinqüenta anos de programas de auditório, seriados e "pegadinhas"? O que fizemos nos oitenta anos de que dispomos hoje que nos façam querer sua repetição, ainda uma vez e eternamente, por mais cento e setenta anos? Seja como for, o eterno retorno como princípio ético precisa ser revisto. Aquilo que nele fazia a diferença no século XIX hoje nos indiferencia.

O mais tardio poderia ser também o lugar onde uma aurora sem anúncio se constrói? Talvez revisitando Nietzsche, desse limiar em que o futuro foi esgotado, e toda juventude, prematuramente envelhecida, possamos aprender alguma nova lição. Não o jovem Nietzsche, que se encerra com *Zaratustra*, mas o Nietzsche maduro, que se desenvolve entre a *Genealogia da moral* e *Ecce homo*, e que, apesar de sua idade, trava a mais louca e insensata batalha contra o homem e a atualidade, com o preço de sua saúde e sua sanidade.

Se examinamos *Genealogia da moral* na cronologia da escrita nietzschiana, ela surge como uma retomada agressiva da polêmica em seu trabalho, contrastando fortemente com a produção anterior e inaugurando a série que será lembrada, a princípio, pelos mais famosos *O anticristo* e *O crepúsculo dos ídolos*. Porém, não podemos nos esquecer que Nietzsche, desde o *Nascimento da tragédia*, havia abandonado o debate público como forma de crítica, por considerá-lo, em suas próprias palavras, com "cheiro indecorosamente hegeliano", ou "impregnado em ... algumas fórmulas com o cadavérico aroma de Schopenhauer".[1] Embora Nietzsche, nesse primeiro trabalho, oponha Schopenhauer a Hegel, ele vai dizer, em *Além do bem e do mal*, que eles estão de acordo, sendo "... dois gênios-irmãos hostis da filosofia, que tendiam para pólos opostos do espírito alemão e, nisto, se desentendiam como só irmãos podem fazê-lo."[2] Qual o problema de Nietzsche face à crítica dialética? Por que o debate dialético traria como sua marca este cheiro indecoroso, este cadavérico aroma inerente ao seu surgimento no pensamento de um filósofo?

Dialética e transcendentalidade

Embora o diálogo seja um recurso originário do teatro trágico, o Estado democrático apropriou-se dele, transformando-o em instrumento de unidade e conciliação. Enquanto na tragédia o diálogo marcava a afirmação de uma divergência inconciliável dentro de um campo de valores comuns, na pólis ele era guiado pelo espírito de convergência, anulando a diferença dos discursos individuais em luta. Essa anulação era obtida por uma técnica que, eliminando o divergente em cada discurso individual, constituía pouco a pouco um outro discurso, feito das semelhanças existentes em todos os discursos, forçando a sua fusão em um único grande discurso concordante. Deste modo, as diferenças se pulverizavam na particularidade da autoria dos discursos, ao mesmo tempo que o discurso único concordante assinalava a unidade da consciência do povo, produtora de bom senso e senso comum.[3]

A grande novidade da democracia era a prodigiosa descoberta de uma forma de igualar todos os discursos e valores pela polarização das diferenças e fixação das autorias, em benefício do anonimato das decisões. Pela polarização das diferenças o combate entre os diversos discursos transformava-se em uma luta por reconhecimento individual dentro de um campo comum de valores. Com a fixação da autoria, a disputa é transformada na unidade do diálogo travado sob a forma da responsabilidade individual de quem dele participa. A divergência se vê identificada com a unidade dialética de uma consciência histórica pertencente a um sujeito que traz o apelido de *humanidade*. A reunião desses dispositivos vai compor a máquina abstrata e geométrica da unidade do indivíduo, da integridade da pessoa e da identidade do sujeito.[4]

Na filosofia, a atividade crítica sempre oscilou entre duas formas discursivas clássicas, herdadas de Platão e Aristóteles. A primeira é o diálogo que encena o conflito de opiniões, com a vitória predeterminada daquela que, trazendo uma maior quantidade de dúvidas e questões, esmaga a adversária com golpes de razão. A outra é o exame que sabatina cuidadosamente os principais conceitos dos sistemas anteriores, ressaltando seus titubeios e suas imperfeições, para ir constituindo, nesse movimento, suas próprias posições sobre esses conceitos, usando para tal a indagação lógica, de modo que as respostas e os interlocutores estejam subsumidos no próprio discurso, sem possibilidade de discussão. Pela primeira, Platão faz Sócrates conseguir o prodígio de permitir a um escravo recitar uma dedução geométrica; pela segunda, Aristóteles embaraça Platão e seu mundo das idéias com uma regressão ao infinito.

As duas estratégias pretendem fazer face a esse problema nascido com a prática democrática: a equivocidade do discurso dos *iguais* na democracia. Não sendo mais possível diferenciar no enunciador a validade do discurso, torna-se necessário encontrar no enunciado os elementos capazes de diferenciar um discurso falso de um discurso verdadeiro. Havia necessidade de buscar um fundamento para o enunciado que pudesse revelar em qual discurso sua verdade estaria representada; e, neste caso, indicar seu verdadeiro pretendente no campo da enunciação. Trata-se de assentar o valor do discurso em princípios transcendentais, para fazer do pensamento esse movimento de busca pela verdade eterna e imutável. Por isso Platão e Aristóteles vão constituir uma univocidade da idéia ou da linguagem, em detrimento da trágica univocidade do ser. Pois em ambos o símbolo vai calar a voz das palavras, conquistando para elas a fixidez da verdade no presente eterno de um logos geometrizado.[5] Se podemos classificar, segundo Bakhtin, as formas discursivas de Platão e Aristóteles como, respectivamente, discurso direto do diálogo e discurso indireto relatado,[6] devemos investigar as estratégias investidas nestas formas que vão dominar a escrita filosófica por muitos séculos. Só assim saberemos qual a modificação introduzida por Nietzsche na escrita polêmica para renovar seu uso no campo da filosofia.

De todo modo, seja na filosofia ou na democracia, a polêmica sempre esteve ligada às condições da dialética e do diálogo. Ela deve ser encarada como um pedido de reconhecimento feito por um juízo frente a um campo de valores preestabelecidos que são objetos de disputa. Aquele que for reconhecido pelos valores terá a autoridade para comandar e enunciar dentro deste campo. A alma — quando se transforma no lugar de inscrição dos valores eternos e transcendentais — torna-se o lugar de submissão do movimento do pensamento ao território dos valores nela inscritos. A polêmica, neste quadro, faz do poder um objeto de disputa, a meta ou o motor da vontade, engajando todos em um combate para determinar quem deve receber os valores em curso.

Cabe perguntar: o que leva Nietzsche à decisão de retomar a polêmica como forma de crítica? Sobretudo se pensarmos que essa decisão vem após *Zaratustra*, cujo subtítulo famoso é: *Um livro para todos e para ninguém*. O que teria acontecido durante a escrita de *Zaratustra* e *Além do bem e do mal* para que a polêmica pudesse se inscrever novamente no horizonte do pensamento de Nietzsche como uma forma válida para o pensamento filosófico? Teria ela perdido seu ranço dialético? Esconderia ela uma tarefa superior à realizada em *Zaratustra*? Como poderíamos incluir o estilo polêmico no desenvolvimento da produção de si mesmo do filósofo? O que esse estilo introduz na questão da individuação para transformá-la em uma produção independente dos princípios advindos do campo transcendental?

Em *Zaratustra* Nietzsche vai opor explicitamente a intuição à visão, e a dedução ao enigma,[7] abrindo em seguida o portal do instante eternamente para trás e para frente, afirmando que só o habita aquele que pode caminhar e acontecer por si.[8] Ora, a intuição, sendo uma apreensão, não pode caminhar por si — é o que por ela é apreendido que caminha —, e a dedução, saltando de um instante para outro, não pode acontecer por si — é o que nela é pensado que acontece. Como a polêmica poderia gerar um discurso capaz de caminhar e acontecer por si na eternidade do instante? Não poderia ser o discurso direto, dialógico, que depende da intuição como sua origem. Tampouco o discurso indireto, relatado, que depende da dedução como sua finalidade. Se ambos os discursos formam caminhos que se contradizem para frente e para trás, eles se encontram no próprio instante que os reúne e contém, fazendo-os dar com a cabeça um no outro.[9] Por mais que o discurso procure apartar o passado e o futuro do tempo presente, o instante (*Augenblick*) os contém em um olhar (*Blicke*), fazendo-os retornar e se chocar dentro de seu portal.

A polêmica empreendida por Nietzsche, sob o domínio do eterno retorno, não designa um confronto de instantes exteriores e estranhos uns aos outros. Ela antes faz todo o tempo chocar-se e reunir-se dentro do portal do instante, onde então tudo se faz visão e enigma. Se há um discurso apropriado para este choque e reunião, ele não pode existir fora do instante, sem forjar-se dentro de seu portal.

Para Nietzsche as três dissertações da *Genealogia da moral* são "o que de mais inquietante até agora se escreveu".[10] A inquietação é uma força característica de quem encara o presente, de quem o afronta, resistindo aos convites e apelos feitos nele pela atualidade. Ela marca este lugar onde um prelúdio e um porvir podem coexistir, fazendo emergir uma nova série no tempo, um presente inatual construído pela ruptura com a tradição, somada à antevisão da mudança. Sem dúvida a inquietação é o lugar do intempestivo no presente. Ela anuncia a tempestade que fará desabar a precipitação do tempo no presente, deixando nele suspenso um portal ou um abismo.

O retorno da polêmica como principal característica da escrita de Nietzsche na *Genealogia* deve decorrer de uma transformação trazida pela presença de *Zaratustra*. Quando ele fala de sua relação com *Zaratustra*, aponta-o como alguém mais novo, que pode suportar o viver "sem velhas e novas tábuas".[11] *Zaratustra* pode, portanto, enfrentar a prova do eterno retorno sem afundar-se em seu abismo, sem a necessidade do refúgio moral, para não ser esmagado pelo seu peso. Nietzsche só possui essa juventude através do que *Zaratustra* vê. E se ele pode ver *Zaratustra*, este "enxerga ainda mais longe que o czar",[12] vendo e anunciando o além-homem, para além das medidas e do medir,[13] para além do bem e do mal. O transvalorador ganha seu lugar no presente pelos olhos de *Zaratustra*. Por isso Nietzsche considera *Zaratustra* um dom, o maior já feito até então para o seu próprio tempo, pois sua tarefa é anunciar a redenção dos intermináveis tempos humanos com o eterno retorno trazido pelo além-homem.

Mas ao mesmo tempo que *Zaratustra* dispensa as novas e velhas tábuas, Nietzsche investe contra todas elas em *Além do bem e do mal*, um verdadeiro trabalho do negativo que completa o inocente *sim* de *Zaratustra*. O *não* nesta obra inquietante é para Nietzsche *sagrado*, pois completa a obra da afirmação. Acontece mesmo de Nietzsche falar de uma divisão de sua obra em duas metades: a afirmativa e construtiva, que vai de *Aurora* até *Zaratustra*; e a negativa e demolidora, de *Além do bem e do mal* em diante.[14]

Além do bem e do mal é escrito, segundo Nietzsche, paralelamente a *Zaratustra*, como um descanso da criação deste último. É impossível não notar este detalhe: se *Além do bem e do mal* é um *prelúdio* do que seria a *filosofia do futuro*, *Zaratustra* é a inserção deste porvir no presente habitado por Nietzsche, livro *para todos e para ninguém*, pois *Zaratustra* é "mais jovem", "mais forte" e "mais futuro", pertence virtualmente a este presente, sem existir em sua atualidade senão como condição de resposta possível à visão e ao enigma do eterno retorno.[15]

O aforismo fora a primeira resposta de Nietzsche à crítica dialética. Ele nascera do contato com o pensamento trágico da aurora grega, legado como fragmentos para a Modernidade. Na forma fracionária dos pensadores trágicos, ele descobrira uma escrita na qual o pensar trazia o tempo inscrito em seu próprio corpo. A escrita ainda não abrigava valores eternos em relação à dialética com o senso vigente. Ela era a eclosão de um pensamento nascido do combate travado pelo pensador com os valores de sua atualidade. Um aforismo só pode ser interrogado e repetido, reproduzindo desta maneira sua interrogação. *Zaratustra* é a apoteose do estilo aforismático, simulacro de bíblia cuja sagrada revelação é uma interrogação cravada no coração do presente, respondendo pelo nome de além-homem.

Mas sua escrita vai exigir de Nietzsche, como contrapartida, o trabalho do *sagrado não* de *Além do bem e do mal* como um *prelúdio*. E este último é, no dizer de Nietzsche, "em todo o essencial, uma *crítica da Modernidade*, não excluídas as ciências, as artes e mesmo a política modernas, juntamente com indicações para um tipo antitético que é o menos moderno possível, um tipo nobre que diz Sim".[16]

O trabalho de demolição cruel da moral é exercido de forma tão impiedosa em *Além do bem e do mal* que suscita em um crítico o comentário de que o livro é pura dinamite.[17] Nietzsche assume para si mesmo esta atribuição, dizendo em *Ecce Homo*: "Eu não sou um homem, sou dinamite."[18] Porém, quando escreve *Ecce Homo*, já havia escrito *Genealogia da moral*. Cabe perguntar o que se passa durante a escrita de *Genealogia* para obrigar Nietzsche a escrever, *depois* dela, uma autobiografia na qual vai afirmar, de seu "próprio crédito", que se deve dirigir "à humanidade com a mais séria exigência que lhe foi jamais colocada?".[19] Qual o perigo entrevisto por Nietzsche — através da *Genealogia* — em *Zaratustra*, capaz de exigir uma autobiografia como resposta feroz a um estranho dilema ensaiado por ele na total recusa de uma santidade, mesmo ao preço de se confundir com um bufão?[20]

O duplo trabalho de *Zaratustra* e *Além do bem e do mal* traz de modo intempestivo para o presente uma dimensão que lhe havia sido subtraída pela Modernidade. Porém, integrar desta maneira o prelúdio e o porvir da era moderna não é também dar a ela uma imanência até então insuspeita? Afinal, enquanto cabe a *Zaratustra* um supremo *sim* redentor para além do que Nietzsche alcança, resta para ele este sagrado, não como prelúdio das condições de *Zaratustra*.

Tendo trazido, contudo, ambas as tarefas para o plano do presente, este renasce sob tal imanência que elimina a necessidade da duplicidade na produção da obra. O campo conquistado por seu próprio trabalho havia determinado o prelúdio e o porvir da Modernidade. Porém, conquistar tal imanência para o presente traz tanto para Nietzsche quanto para o presente conquistado uma imensa responsabilidade e um perigo, transformando de imediato a natureza da tarefa exigida ao pensador. Nessa nova perspectiva, a própria imanência surge com uma feição insuspeita. Pois em lugar de se confundir com o que é dado, ela agora é fruto de uma conquista e objeto de uma impiedosa construção.

A *Genealogia da moral* surge como um novo afazer na obra de Nietzsche, descortinando um personagem maduro, o genealogista, e uma tarefa mais dura, a genealogia, longe do tom de promessa usado em *Zaratustra*, ou do tom de abismo usado em *Além do bem e do mal*. Com ela torna-se possível a interpretação do aforismo. Por ela a interpretação realiza a transformação da atualidade do presente, fazendo com que pensar e acontecer sejam o mesmo.[21] Ela insere o intempestivo na atualidade do presente como um tempo vivo, um mundo secreto e insuspeito que apenas o genealogista pode habitar.

Genealogia da moral vai ser uma obra concebida como a formulação de um problema: o da atualidade. Mas vai encontrar sua força e seu inesperado ao fazer com que a formulação desse problema se confunda com outro, o da atualização do próprio genealogista. Desse modo, o genealogista se transforma no mesmo ritmo com que o problema se formula. É difícil distinguir nesse movimento quem interroga quem — a atualidade interrogando o genealogista como modo do genealogista interrogar a atualidade, ambos transformando-se sob o signo dessa variação —, de tal maneira a imanência instaura-se em seu seio. O próprio problema transforma-se no mais singular de todos os problemas, indiferente ao geral e ao particular, ao universal e ao individual, cabendo a todos e a ninguém, como prelúdio ou fim, porém, sendo filho de seu próprio tempo, prova encarnada do eterno retorno no coração da atualidade.

Tempo e genealogia

Na condição de genealogista, o problema de Nietzsche para demolir a Modernidade — como ele faz em *Além do bem e do mal* —, ao mesmo tempo que antevê o seu porvir — como em *Zaratustra* —, é fazer do inatual um modo de habitar o presente. Concebendo seu problema deste modo, podem-se afastar de imediato alguns equívocos sobre o sentido do tempo no afazer genealógico. Traçar a genealogia não significa estabelecer uma árvore genealógica sobre os parentescos da moral com a cultura humana, na qual o passado surgiria como uma origem capaz de determinar a essência dessa relação. Esse trabalho não é feito para distinguir o essencial do meramente casual no vir-a-ser da moral. Tampouco pretende encontrar no movimento que a cultura e a moral entretêm uma essência oculta em vias de se revelar.

Não se trata de uma reflexão sobre a meta do movimento moral, uma especulação sobre seu futuro. Pois se Nietzsche indica uma origem em seu material de reflexão, esta não pode ser outra senão seus "pensamentos sobre a origem de nossos preconceitos morais";[22] da mesma forma que tratar da moral, neste enganoso singular, é tratar de "tudo que até agora foi celebrado na terra como moral".[23]

Portanto, a genealogia pode indicar apenas a origem de preconceitos e tratar de uma multiplicidade celebrada sob um mesmo nome. Afasta-se, assim, desde o começo, a possibilidade de pensar a moral como um princípio de individuação do qual depende o indivíduo *homem*, seja ele concebido como *humano* ou como *humanidade*. Considerar a moral como um princípio incondicionado capaz de determinar as condições da cultura humana ou da história da humanidade é algo descartado de início pelo afazer genealógico. Pois se o traçado da genealogia vai se empreender extraindo as linhas a partir das quais todo um mundo de encontros e variações pode se desenhar para estabelecer o domínio do que chamamos moral, este traçado não pretende revelar um passado ou inquirir um futuro — nada mais estranho que uma origem ou meta oculta na tarefa genealógica.

A genealogia trata sobretudo do presente. É o presente que se procura extrair desse traçado que ela constrói sem cessar. Porém, não o presente antecipado ou o almejado — ambos coloridos de antemão pelos tons da memória e projetados para trás ou para adiante pela imaginação. Para a genealogia, "o objetivo é percorrer a imensa, longínqua, recôndita região da moral — da moral que realmente houve, que realmente se viveu — com novas perguntas, com novos olhos: isto não significa praticamente *descobrir* essa região"?[24]

Por isso, torna-se necessário dizer não "sentença por sentença, conclusão por conclusão",[25] toda vez que o genealogista depara com o desenvolvimento de alguma "espécie contrária e perversa de hipóteses genealógicas",[26] como as que Paul Rée faz em seu livro *A origem das impressões morais* (em que, à inglesa, de modo que, se ponderado, é no mínimo divertido): "... a besta darwiniana e o moderníssimo modesto fracote moral dão-se graciosamente as mãos, este com expressão de bondosa e refinada indolência no rosto, à qual se mistura inclusive um grão de pessimismo e de cansaço: como se não pagasse a pena levar todas essas coisas — os problemas da moral — tão a sério".[27]

É necessário dar a um olhar que se quer tão

> ... agudo e imparcial uma direção melhor, a direção da efetiva *história da moral*, prevenindo-o a tempo contra essas hipóteses inglesas que se perdem *no azul*. Pois é óbvio que uma outra cor deve ser mais importante para um genealogista da moral: *o cinza*, isto é, a coisa documentada, o efetivamente constatável, o realmente havido, numa palavra, a longa, quase indecifrável escrita hieroglífica do passado moral humano! [28]

Para o genealogista, "não existem coisas que mais *compensem* serem levadas a sério"[29] do que os problemas da moral. O presente que se extrai da genealogia é um presente de inquietações e hesitações, em que tudo o que há de casual, arbitrário e mesmo *voluntarioso* deve revestir-se da imperiosa máscara moral. E se a genealogia é o instrumento para que o presente ganhe profundidade — uma densidade de questões que delimitam seu horizonte —, nem mesmo essa profundidade remete o presente para um lugar ou direção diferente de sua própria presença. Trata-se, sobretudo para a genealogia, de colocar o presente face à sua própria presença, de conhecer este presente que o presente oculta habilmente projetando-se para trás ou para frente. Afinal, a coisa documentada — o constatado na efetividade — pode ser considerada como o que realmente houve, o que ainda está guardado nos traços do presente, a indecifrável escrita hieroglífica.

A arqueologia surge como dimensão da investigação genealógica por essa curiosa propriedade de distinguir no presente todas as camadas de tempo que nele se compõem, sem nos remeter a qualquer origem ou a meta alguma que não o próprio sítio onde elas se apresentam. Não devemos contudo nos enganar quanto ao papel que a arqueologia desempenha nessa escrita — seu trabalho não é uma arqueologia da moral —, pois ela desenvolve apenas uma tarefa preliminar de desemaranhar, naquilo que aparece chapado no quadro do presente, uma sucessão de camadas; e, nessas camadas, distinguir os diversos níveis de inscrição que o presente possui.

Se é devolvido ao presente, contudo, algo de sua profundidade, esta não possui nem a densidade nem a vivacidade do presente vivo. Pois — sendo constituído de camadas em sucessão e sendo lido apenas nas inscrições dos diversos planos — é inevitável que se tenha ainda a ilusão do "já foi" ou do "será", mesmo que eles se reduzam agora a pequenas séries de questões morais independentes umas das outras. Para não fugir do presente, o genealogista confessa escrupulosamente a contragosto sua curiosidade e sua suspeita como algo que pode ser denominado de um *a priori* que surge cedo, insolicitado, incontido e em contradição com ambiente, idade, exemplo e procedência.[30] Não há para o genealogista um antes e um depois para essa curiosidade e suspeita, de tal modo elas se confundem com sua própria experiência. E se o olhar do genealogista pode construir essa verdadeira analítica da moral, distinguindo seus diferentes planos e inscrições, é apenas porque sua própria vivência esbarra todo o tempo com a presença da moral em seu próprio tempo, ora se apresentando com a máscara da cultura, ora com a da ciência.

Como pôde a experiência do genealogista traçar uma distinção entre a cultura e a moral, se ambas, em seu próprio tempo, se confundiam? De onde pôde ele extrair essa curiosidade e essa suspeita que lhe surgiram cedo, como um *a priori*, se a presença da moral se confundia com o seu próprio tempo, um tempo *histórico*? Sobretudo, como pôde essa distinção surgir cedo, insolicitada e em contradição com ambiente, idade, exemplo e procedência? Isso não seria possível se um outro presente não estivesse oculto na atualidade, dando ao genealogista esse ambiente e essa procedência estranhos à modernidade histórica, porém parte secreta e inalienável da condição moderna.

Para o gosto moderno, a moral é como a folha de Panurgo, cuja escrita é tão sutil que nada se vê escrito nela. Porém, para o olhar inatual do genealogista, o que assusta na escrita moral é menos sua sutileza que a obscenidade. Pois a moral surge-lhe como uma ponte por onde passeiam aleijões "aos quais falta tudo, mas que têm demais alguma coisa — homens que não passam de um grande olho, ou de uma grande boca, ou de um grande ventre, ou de qualquer outra coisa grande".[31]

Nesses homens a cultura moderna fixou gosto e afeto de tal modo que se pode realizar a dupla leitura arqueológica, tomando-os concretamente como fragmentos do silencioso discurso da moral. Não foi nos livros ou nos textos que o genealogista encontrou o material para uma reflexão moral, foi antes caminhando por entre "fragmentos e membros avulsos e horrendos acasos"[32] que a visão moral se revelou, obrigando-o a ler seu hediondo texto. Que a moral tenha se apropriado do violento trabalho da cultura e o tenha entregue às religiões e aos estados para que estes produzissem "o homem feito em pedaços e esparso como em um campo de batalha ou em um matadouro"[33] — isso faz do domínio da moral um supremo enigma cujo exercício pode fazer, mesmo de *Zaratustra*, "Um vidente, um voluntarioso, um criador, um futuro e uma ponte para o futuro — e, ai de mim, de certo modo, também um aleijado nessa ponte..."[34]

Por isso, traçar a genealogia põe o presente em sua própria presença, distinguindo a diversidade dos traçados que o compõem em um único presente complexo. Só que isso não significa que a tarefa da genealogia é inútil. Não se trata de afirmar a identidade do presente consigo mesmo, nem de paralisá-lo na presença de sua própria imagem. Antes, "deter-se na questão de *onde se originam* verdadeiramente nosso bem e nosso mal"[35] —

tão logo "aprendemos a separar o preconceito teológico do preconceito moral"[36] — não significa buscar "a origem do mal *por trás* do mundo".[37] O importante é transformar este dado em uma verdadeira questão: "Sob que condições o homem inventou para si os juízos de valor 'bom' e 'mau'? E *que valor têm eles?*"[38]

Se a genealogia se pergunta pelas condições, isso é porque ela não supõe a presença de um princípio já dado sobreposto ao devir, alienando o sujeito de sua própria determinação. Ela não pressupõe um princípio formal, ou de razão, agindo como um incondicionado que fornece de uma vez por todas o condicionado e as condições. Não se trata de estabelecer um primeiro princípio que submeta a variação às cadeias causais, na ordem do bom senso do tempo. Se o horizonte produzido pela genealogia não serve senão para trazer o presente à sua própria presença, essa construção não vem reiterar a ausência do tempo, ou a ilusão do tempo, como aquilo que impede o presente de encontrar-se. Pois uma das tarefas da genealogia é liberar o tempo do cômputo que tudo conta e mede para encontrar um tempo liberto, que nada conta ou mede, pura presença de um desmedido no presente que o impede de se paralisar ou fechar.

Tornar o presente contemporâneo de si mesmo implica descobrir esse desmedido, esse incontável que ele contém. Impõe não confundi-lo com a totalidade dos indivíduos que compõem sua atualidade, a não introduzir o infinito em sua superfície finita, ou dar à sua presença problemática a forma do absoluto. Antes obriga o genealogista a declarar-se finito como o presente, atado portanto à necessidade de realizar-se a cada instante. Por isso a questão sobre o valor dos valores — a questão do avaliador — não encontra naquele que pergunta uma origem ou meta.

Se alguém se questiona sobre o valor dos valores de seu juízo, se o genealogista indaga sobre sua utilidade (obstruíram ou promoveram a ampliação de sua forma?), se ele interroga seus indícios face à vida (miséria, empobrecimento, degeneração?), ou se ele revela sua vitalidade (plenitude, força, vontade, coragem, certeza), ainda que sob o signo de uma sutil interrogação (futuro?), ele o faz apenas para, nesse movimento, encontrar e arriscar "respostas diversas", diferenciar "épocas, povos, hierarquias", especializar seu problema para que, das respostas, nasçam "novas perguntas, indagações, suposições, probabilidades".[39] O valor dos valores do juízo é a completa realização da vida que se indaga em cada instante de seu questionamento.

Para a genealogia, a pergunta "quem valora?" não remete à forma do indivíduo, nem à verdade do sujeito, nem à essência do objeto. Forma, verdade e essência são ainda modos de reduzir o problema do presente à simplicidade de um princípio. O genealogista toma por evidente a impossibilidade de que um princípio incondicionado e universal explique algo. Como se não fosse ele próprio um problema, exigindo uma explicação. Se a simplicidade rege o princípio incondicionado, este, por sua vez, deve reger um complexo em mutação e movimento permanentes que de fato escapa todo o tempo às suas condições.

Seja a resposta *inglesa* — que reduz o bom ao útil, o castigo à intimidação — ou a *alemã* — idealista, em que a moral encobre uma piedade sob a forma de compaixão, abnegação e sacrifício, de tal modo a vontade está fatigada de seu palco, a vida, e de seu destino, viver, de forma que a moral encobre um impulso da vontade de *negar-se* a si própria, querendo não querer para suportar o viver —,[40] ambas são formas grotescas de recusar a moral como um problema para o olhar do genealogista.[41] O valor dos *juízos de valor* depende de quem pode avaliá-los, transformando-se, ao mesmo tempo, em seu *avaliador*. Pois se o próprio de um problema é sempre se transformar em outro, isso não pode acontecer sem que o avaliador, a avaliação e o valor se transformem junto com ele. São os caminhos de uma avaliação feita sua que vão constituir finalmente, para o genealogista, a posse de "um país" seu, "um chão próprio, um mundo silente, próspero, florescente, como um jardim secreto do qual ninguém suspeitasse..."[42]

Não é de modo incondicionado, portanto, que o genealogista retoma seus antigos pensamentos após um longo intervalo,

> ... mas sim, com a necessidade com que ... nascem de nós nossas idéias, nossos valores, nossos sins e nãos e ses e quês — todos relacionados e relativos uns aos outros, e testemunhas de *uma* vontade, *uma* saúde, *um* terreno, *um* sol. — Se *vocês* gostarão desses nossos frutos? — Mas que importa isso às árvores! Que importa isso a nós, filósofos!...[43]

Por isso o genealogista espera que o intervalo "lhes tenha feito bem, que tenham ficado mais maduros, mais claros, fortes, perfeitos".[44] O genealogista possui a feliz confiança de que esses pensamentos não tenham "brotado de maneira isolada, fortuita, esporádica", pelo fato de se ater a eles ainda hoje e deles se manter junto, por si próprio, "de modo sempre mais firme, crescendo e entrelaçando-se".[45] A genealogia fala da "... raiz comum, de algo que comanda na profundeza, uma *vontade fundamental* de conhecimento que fala com determinação sempre maior, exigindo sempre maior precisão".[46]

E o genealogista — como homem do conhecimento — é *feliz* desde que saiba "manter silêncio por um certo tempo".[47] O que significa esse tempo de silêncio, esse *saber* manter silêncio? Pode-se de imediato afastar esse silêncio do remoer do ódio e do rancor ressentido. O genealogista *rumina* para praticar a leitura como *arte*. Desta forma, ele se alimenta dos *efeitos* da cultura moral sem se expor à suas causas, fugindo do ranger de dentes impotente do ressentimento. O genealogista pode então percorrer todas as dimensões do presente, traçando sua carta e extraindo dele esse país, esse chão e esse mundo até então estranhos a si mesmos. Estranhos, porém nada além do que esse tempo de silêncio. Pois ele se fez outro, tão secreto quanto o jardim que agora habita. Para dizer de modo preciso, ambos se fizeram nesse movimento silencioso da própria genealogia.

Engana-se entretanto quem atribui o sucesso da investigação genealógica ao isolamento do genealogista. Pois ele é o primeiro a exclamar: "Não temos o direito de atuar *isoladamente* em nada: não podemos errar isolados, nem isolados encontrar a verdade."[48] A genealogia não é um convite a qualquer forma de contemplatividade, nem a afirmação de qualquer tipo contemplativo, mesmo os contemplativos mais modernos — por que não dizer *pós-modernos* —, "... espécie folgazã, voluptuosa, que flerta simultaneamente com a vida e com o ideal ascético, que usa a palavra 'artista' como uma luva e que hoje monopolizou inteiramente o elogio da contemplação".[49]

Face a este alegre hedonista do niilismo histórico, "... meio pároco, meio sátiro, *parfum* Renan, ... já com o elevado falsete do seu aplauso revela o que lhe falta, *onde* lhe falta, *onde*, nesse caso, a cruel tesoura das Parcas foi manuseada de maneira oh! tão cirúrgica".[50]

O genealogista se vê impelido a declarar sua profunda náusea. Tal espécie de espectador contraria o seu gosto e o indispõe contra o próprio "espetáculo". Tais eunucos culturais fazem ferver o sangue do genealogista, obrigando-o a bradar:

> Essa natureza que deu ao touro os chifres, ao leão o *casm' odonton* [abismo de dentes], para que me deu ela os pés? ... Para pisar, por São Anacreonte! Não só para correr; para pisotear essas cátedras podres, a contemplatividade covarde, o lúbrico "eunuquismo" diante da história, o flerte com ideais ascéticos, a tartu-

> fesca equanimidade da impotência! Todo meu respeito ao ideal ascético, *na medida que é honesto!*, enquanto crê em si mesmo e não nos prega peças! Mas eu não suporto todos esses percevejos coquetes, cuja ambição é insaciável em farejar o infinito, até por fim o infinito cheirar a percevejos; não gosto desses túmulos caiados que parodiam a vida; não gosto desses fatigados e consumidos que se revestem de sabedoria e olham "objetivamente"; não gosto dos agitadores fantasiados de heróis que usam o capuz mágico do ideal em suas cabeças de palha; não gosto dos artistas ambiciosos que posam de sacerdotes e ascetas e no fundo não passam de trágicos bufões; tampouco me agradam esses novos especuladores em idealismo, os anti-semitas, que hoje reviram os olhos de modo cristão-ariano-homem-de-bem, e, através do abuso exasperante do mais barato meio de agitação, a afetação moral, buscam incitar o gado de chifres que há no povo...[51]

Para a genealogia, a palavra *valor* indica a presença de um gosto pelo presente. Um gosto incerto no qual se pode construir um certo tempo. Um gosto pela completude de cada experiência finita que obriga o genealogista a selecionar no presente apenas o que pode querer ainda uma vez e eternamente. Um imperativo imoral que joga para fora do portal do instante os desejos de infinito e as meias-vontades, pois o presente só pode ser vivido dessa maneira "como que *às expensas do* futuro".[52] O presente como alta tonalidade afetiva, capaz de dizer sim à sua própria face, vai ser abandonado pelas caricaturas morais, em proveito da vivência mais cômoda e menos perigosa de um tempo de faz-de-conta, no qual a Modernidade se confunde com a própria negação do tempo que ela habita. O genealogista precisa aí intervir com um diagnóstico à altura de seu gosto e de seu tempo, para fazer surgir nesse presente "esta nova exigência: necessitamos de uma crítica dos valores morais, o próprio valor desses valores deverá ser colocado em questão".[53]

Em face dessa exigência, para permitir de novo que o novo seja uma das dimensões da atualidade do presente, é necessário "um conhecimento das condições e circunstâncias nas quais nasceram, sob as quais se desenvolveram e se modificaram os valores morais".[54]

Com isso, uma estranha doçura se mistura à dura tarefa da genealogia: ela traz o presente à sua própria presença apenas porque ele está ausente de sua própria atualidade. A genealogia é um escrito polêmico, porém sua guerra se faz de batalhas insuspeitas, de violências inauditas e de miraculosa inocência. Ela é o combate feroz que uma vida trava para traçar sua autobiografia, podendo viver de seu próprio crédito.

1. Friedrich Nietzsche, *Ecce Homo. Como alguém se torna o que é*, São Paulo, Max Limonad, 1985, daqui por diante referido como *EH*; capítulo "O nascimento da tragédia", §1, p.93.

2. Ver Friedrich Nietzsche, *Além do bem e do mal*, São Paulo, Companhia das Letras, 1992, daqui por diante referido como *ABM*; capítulo "Povos e pátrias", §252, p.160.

3. Ver J.P. Vernant, *As origens do pensamento grego*, São Paulo, Difel, 1984, p.58-72.

4. Ibid., p.86-95.

5. Gilles Deleuze, "Platão e o simulacro", in *A lógica do sentido*, São Paulo, Perspectiva, 5ª ed., 2000, p.259-265.

6. Ver Mikhail Bakhtin, *Marxismo e filosofia da linguagem*, São Paulo, Hucitec, 1981, p.181-2.

7. "Pois não quereis, apalpando-o com mão covarde, seguir um fio que vos guie, e onde podeis *adivinhar* (*erraten*), detestais *inferir* (*erschlieszen*) — a vós somente conto o enigma (*Rätsel*) que eu *vi* (*sah*) — a visão (*Gesicht*) do ser mais solitário." Friedrich Nietzsche, *Assim falou Zaratustra*, Rio de Janeiro, Bertrand Brasil, 1989, daqui por diante referido como *AFZ*; livro III, "Da visão e do enigma", p.164, grifos do autor.

8. "Olha esse portal, anão! ... Ele tem duas faces. Dois caminhos aqui se juntam; ninguém ainda os percorreu até o fim. ... Essa longa rua que leva para trás: dura uma eternidade. E aquela longa rua que leva para a frente — é outra eternidade." "Tudo aquilo, das coisas, que *pode* caminhar, não deve já, uma vez, ter percorrido esta rua? Tudo aquilo, das coisas, que *pode* acontecer, não deve já, uma vez, ter acontecido, passado, transcorrido?". Ibid., p.166.

9. "Contradizem-se (*widersprechen*), esses caminhos, dão com a cabeça um no outro; e aqui, neste portal, é onde se juntam." Idem.

10. Friedrich Nietzsche, *EH*, "Genealogia da moral", §1, p.138.

11. Friedrich Nietzsche, *EH*, "Além do bem e do mal", §4, p.128. A palavra czar deriva de César, título imperial da Roma antiga. Os césares viram mil anos de império do homem na Antigüidade. Como tem capacidade de ver o além-homem, Zaratustra pode ver mais longe do que os césares, que só enxergaram o homem.

12. Friedrich Nietzsche, *EH*, "Além do bem e do mal", §2, p.137.

13. "Estabelecer preços, medir valores, imaginar equivalências, trocar — isso ocupou de tal maneira o mais antigo pensamento do homem, que em um certo sentido *constituiu* o pensamento: aí se cultivou a mais velha perspicácia, aí se poderia situar o primeiro impulso do orgulho humano, seu sentimento de primazia frente aos outros animais. Talvez a nossa palavra *Mensch* (*manas*) expresse ainda algo *deste* sentimento: o homem [*Mensch*, em alemão, no sentido de 'ser humano'] se designava como o ser que mede valores, valora e mede, como 'o animal avaliador'." Friedrich Nietzsche, *Genealogia da moral (Um escrito polêmico)*. São Paulo, Brasiliense, 1987, daqui por diante referido como *GM*, 2ª dissertação, referida como II, oitavo parágrafo referido como §8, p.73.

14. Friedrich Nietzsche, *EH*, "Além do bem e do mal", §1, p.136.

15. Friedrich Nietzsche, *GM*, II, §25, p.105.

16. Friedrich Nietzsche, *EH*, "Além do bem e do mal", §2, p.136, grifos do autor.

17. J. V. Widmann afirma isso a respeito de Nietzsche em sua resenha de *ABM* publicada no *Bund* de Berna, em 16-17 de setembro de 1886: "Os estoques de dinamite usados para construir a estrada de St-Gothard traziam a bandeira negra que indicava seu perigo mortal. — É apenas nesse sentido que falamos do novo livro do filósofo Nietzsche como de um livro *perigoso*. Nós não ligamos a este qualificativo qualquer traço de insulto ao autor e sua obra, assim como a bandeira negra não visava insultar o explosivo. Ainda mais longe de nós a idéia de lançar o pensador solitário aos corvos da igreja e às rãs das pias batismais ao assinalar o perigo de seu livro. O explosivo espiritual, como o explosivo material, pode servir para uma obra de grande utilidade; não é necessário dar-lhe o mau uso das finalidades criminosas. Mas é correto avisar claramente, lá onde se armazena este gênero de explosivo: 'atenção, dinamite!'... Nietzsche é o primeiro a ter encontrado uma nova saída, mas tão assustadora que a gente realmente se apavora ao vê-lo tomar este caminho solitário e desconhecido!". Citado in Friedrich Nietzsche, *Oeuvres philosophiques complètes*, vol. XII, *Fragments posthumes (Automne 1885-automne 1887)*, Paris, Gallimard, 1979, p.337-338, grifos do autor.

18. Friedrich Nietzsche, *EH*, "Por que sou um destino", §1, p.150.

19. Friedrich Nietzsche, *EH*, "Prólogo", §1, p.39.

20. "Não *quero* 'crentes', creio ser demasiado malicioso para crer em mim mesmo, nunca me dirijo às massas. ... Tenho um medo pavoroso de que um dia me declarem *santo*: perceberão por que publico este livro *antes*, ele deve evitar que se cometam abusos comigo. ... Eu não quero ser um santo, seria antes um bufão. ... Talvez eu seja um bufão. ... E apesar disso, ou melhor, *não* apesar disso — pois até o momento nada houve mais mendaz do que os santos —, a verdade fala em mim." Friedrich Nietzsche, *EH*, "Porque sou um destino", §1, p.150, grifos do autor.

21. "... os maiores pensamentos são os maiores acontecimentos." Friedrich Nietzsche, *ABM*, "O que é nobre", §285, p.191.

22. Friedrich Nietzsche, *GM*, "Introdução", §2, p.8.

23. Ibid., §3, p.9.

24. Ibid., §7, p.15, grifo do autor.

25. Ibid., §4, p.11.

26. Idem.

27. Ibid., §7, p.15.

28. Idem, grifos do autor.

29. Idem, grifo do autor.

30. Ibid., §3, p.9.

31. Friedrich Nietzsche, *AFZ*, II, "Da redenção", p.149.

32. Ibid., p.150.

33. Idem.

34. Idem.

35. Ibid., §3, p.9, grifos do autor.

36. Ibid., p.10.

37. Friedrich Nietzsche, *GM*, "Introdução", §3, p.10, grifo do autor.

38. Idem, grifos do autor.

39. Idem..

40. Ibid., §5, p.12-13.

41. "No fundo interessava-me algo bem mais importante do que revolver hipóteses, minhas ou alheias, acerca da origem da moral (mais precisamente, isso me interessava apenas com vista a um fim para o qual era um meio entre muitos). Para mim, tratava-se do *valor* da moral..." Ibid., p.12, grifos do autor.

42. Friedrich Nietzsche, *GM*, "Introdução", §3, p.10.

43. Ibid., §2, p.9, grifos do autor.

44. Ibid., §2, p.8-9.

45. Ibid., §2, p.9.

46. Idem, grifos do autor.

47. Ibid., §3, p.10.

48. Ibid., §2, p.9, grifos do autor.

49. Friedrich Nietzsche, *GM*, III, §26, p.178.

50. Idem, grifos do autor.

51. Ibid., §26, p.179-180, grifos do autor.

52. Ibid., §6, p.14, grifos do autor.

53. Idem.

54. Idem.

Bergson: a metafísica do tempo

• *James Bastos Arêas* •

A filosofia de Henri Bergson sem dúvida se constitui como uma vigorosa e contínua melodia. Uma torrente elegante e surpreendente de pensamento que parece atingir direto o íntimo das coisas, em sua vibrante e imediata simplicidade.

Por isso talvez fosse preciso começar também aqui pelo que há de mais simples e imediato no pensamento, mesmo sabendo que, quando se trata de Bergson, o simples e o imediato logo se revelam como aquilo precisamente que há de mais embaraçoso e de difícil acesso. O conceito de *duração*, por exemplo, a partir do qual podemos falar da constituição de uma metafísica do tempo, é, por um lado, o imediatamente dado à intuição; e, por outro, a mais alta conquista do pensamento.

Com efeito, não pretendemos abordar de modo direto um conceito tão complexo como o de duração, mas somente indicar, a título introdutório, como Bergson pôde redimensionar o sentido tradicionalmente atribuído à metafísica, ao recusar para essa disciplina a busca das essências ou substâncias imóveis, imutáveis e eternas.

A metafísica bergsoniana implica diretamente a dimensão do tempo. Ela liberta um pensamento-tempo para além dos registros espaciais da experiência e da inteligência; por isso, a dimensão propriamente metafísica não pode mais ser pensada *sub especie aeternitas*, nem pode confundir-se com a pesquisa de um substrato estável qualquer.

A grande novidade de Bergson reside em ter libertado para a metafísica a dimensão temporal do pensamento e da vida em um meio histórico deliberadamente hostil a essa disciplina, no qual diferentes filosofias difundiam com orgulho a necessidade de ultrapassar esse passado infame da história da filosofia. Para a metafísica só restava decretar sua impossibilidade, anunciar-lhe o fim e a morte.

A filosofia de Bergson consiste, fundamentalmente, de uma tentativa de inverter a marcha habitual do trabalho do pensamento e subverter as disposições adquiridas pela repetição freqüente de nossas formas de agir e pensar; sua filosofia é uma recusa vigorosa da sensibilidade instrumental e das certezas e convicções retiradas da utilidade das ações. Inverter a marcha habitual do pensamento significa, portanto, subverter radicalmente o sentido da metafísica tradicional, para incorporar definitivamente o movimento, a vida e o tempo no pensamento.

A palavra metafísica tem uma longa e curiosa história. Ela aparece pela primeira vez nomeando uma coletânea de quatorze pequenos tratados de Aristóteles (384-322 a.C.) que versam sobre vários problemas de história da filosofia, tais como a teoria das causas, as significações múltiplas do ser, as relações do ser e da essência, do ato e da potência, o problema de Deus etc. Essa expressão utilizada pelo editor Andrônico de Rodes, no século I a.C. — preocupado em organizar e ordenar a edição das obras aristotélicas —, designa o conjunto de textos que ele classificou para serem lidos *após* ou *depois* dos tratados da *Física*; em função disso, o nome fica conhecido: *Metafísica* de Aristóteles. Contudo, o próprio Aristóteles jamais utiliza a palavra metafísica para classificar esse conjunto de livros que tiveram um destino excepcional no Ocidente, e cujo legado nos é ainda hoje tão precioso.

Os problemas de que trata a metafísica têm uma história anterior que remonta a Parmênides de Eléia (c. 530-460 a.C.), o primeiro a tratar explicitamente de questões metafísicas em seu poema *Sobre a natureza*, no qual ele propõe uma abordagem direta sobre o ser. Contudo, o ser de Parmênides é bastante peculiar: uno, imóvel e eterno. Ele não tem atributos e só pode ser concebido como essência, no sentido de que esse ser uno, imóvel e eterno exclui de si tudo o que ele não é: a composição, a mobilidade e a temporalidade. Parmênides recusa, condenando à esfera sombria do não-ser, tudo aquilo que não pertence estritamente aos domínios do ser; e não aceita que o ser pudesse, além de simplesmente ser, sofrer qualquer alteração ou submeter-se a alguma forma de sucessão ou simultaneidade. Suas posições fizeram escola e encontraram discípulos famosos, dentre os quais se destaca Zenão de Eléia (c. 495-490 a.C.), defensor fiel e vigoroso do mestre — e a quem Aristóteles atribui a invenção da dialética, e Bergson, a da própria metafísica, posto que Zenão é o primeiro a assinalar explicitamente a impossibilidade em que se encontra nossa inteligência de representar o movimento e a mudança.

Há, portanto, de um lado, Parmênides, Zenão e toda a tradição que concebe o ser como essência imóvel, eterna, una, e que relega à esfera sombria do não-ser tudo aquilo que não pertence a essa essência; de outro, há Platão e sobretudo Aristóteles, que, rompendo parcialmente com essa tradição, assumem os riscos e trazem para seus pensamentos a possibilidade de que propriedades laterais, adjacentes ou acidentais se misturem e se acrescentem a esse sentido primeiro e fundamental do ser de Parmênides.

A famosa coletânea de tratados conhecidos desde então como a *Metafísica* de Aristóteles revela-nos um conteúdo extremamente rico e diversificado de questões que hoje denominamos metafísicas, à medida que indicam, senão uma disciplina efetivamente constituída, pelo menos um horizonte de problemas relativos a uma "ciência" que Aristóteles procura com todas as forças constituir: a "ciência do ente enquanto ente". Nesse sentido, a metafísica se confunde com a aspiração legítima do filósofo a um conjunto de conhecimentos cujo objeto, situado na fronteira dos domínios da física, só pode ser apreendido a partir de uma estratégia de pensamento suplementar àquela da realidade física, ou da esfera dos seres naturais. A metafísica, ou a "ciência do ente enquanto ente", se impõe, portanto, como pesquisa complementar aos estudos da realidade física dos seres-em-movimento.

Do mesmo modo como fazia no livro 1 da *Física*, Aristóteles confronta no livro A da *Metafísica* as opiniões dos filósofos anteriores acerca do número e da natureza dos princípios que regem todas as coisas. Cabe, nos dois livros, estabelecer a possibilidade de constituição de uma física, de uma ciência dos seres naturais, ou seja, dos seres em movimento. Em ambos os casos, trata-se com efeito do movimento, princípio natural e imanente de espontaneidade.

Um aspecto bastante interessante da filosofia de Aristóteles é que ela parte, mesmo quando o tema é a metafísica, da realidade física do movimento. Desse modo, podem-se abordar os seres em sua espontaneidade e em função da mobilidade que lhes é própria. Encontram-se no mundo movimentos de duas espécies: naturais e violentos. Tudo no mundo pertence à ordem do movimento, da *kınesis*. Toda a diversidade dos seres está portanto sujeita à mobilidade, aberta a modificações, mudanças, alterações, transformações e metamorfoses. Qualquer tentativa de elucidar a interrogação metafísica acerca do ser e da essência deve incluir a realidade do movimento. Nesse sentido, as fronteiras entre a física (ciência dos seres móveis ou suscetíveis de movimento) e a metafísica (ciência do ente enquanto tal) parecem se estreitar: a segunda completa e amplia os limites de uma física rigorosamente conduzida.

Um outro aspecto notável da filosofia aristotélica — e que parece ter despertado muito cedo a atenção de Bergson em seu estudo latino sobre *A idéia de lugar em Aristóteles* —[1] é a doutrina exposta sobretudo no livro 4 da *Física*, sobre o problema da natureza, da existência e da definição de lugar. A importância concedida por Bergson à noção aristotélica de lugar vem da possibilidade de romper com as teses radicais de Zenão sobre a divisibilidade infinita do espaço, para reencontrar o fio de continuidade da realidade móvel. Aristóteles teria substituído a idéia de espaço pela de lugar, de modo a conservar o dinamismo da realidade física. O espaço descontínuo, infinitamente divisível e sem ligação é abstrato, abstraído da realidade e incapaz de abrigar o movimento. Zenão abole justamente o movimento, a realidade do movimento, a física do mundo e suas variações, fonte de toda perplexidade, motor de toda filosofia.

A idéia de lugar e os dinamismos que ela comporta; a possibilidade da ciência física dos seres automoventes; o estudo dos elementos do mundo e de suas transformações, das regiões naturais que eles habitam, das tendências que os impelem, da geração e corrupção que os animam e os fazem perecer; enfim, a natureza total, a *physis*, o cosmo circular e eterno. A física de Aristóteles investiga, portanto, os seres em movimento, os princípios e as causas do movimento, mas também as noções a ele correlatas, tais como lugar, vazio e tempo, a necessidade de um primeiro motor; além, evidentemente, das idéias de forma, matéria e privação, acaso e finalidade, ato e potência.

Em linhas gerais, portanto, a idéia aristotélica de lugar contorna os problemas deixados pelo eleatismo: a abstração do movimento e o realismo espacial que Bergson não se cansa de denunciar. Essa idéia aproxima e ajuda a transpor as fronteiras entre física e metafísica.

Os livros da *Metafísica* que visam a "ciência do ente enquanto ente" pretendem, dando seqüência aos livros da *Física*, abordar aquilo que há de mais interior e fundamental para os seres, aquilo que há de mais próprio e estável para cada um deles, o que faz com que um ser ao mesmo tempo sempre tenha sido e continue sendo o que ele é, seja o que for que ele seja, independentemente de toda a acidentalidade a que se encontra submetido. Deve-se recorrer neste exato momento ao substantivo derivado do particípio presente do verbo "ser" e que corresponde ao termo *ousia*, cuja tradução aproximada seria "entidade" ou "entência".[2] É preciso criar aqui uma fórmula aproximativa para essa noção tão complexa que evoca um princípio de individuação e tenta exprimir o que há de mais próprio na essência do definido, o que há de mais íntimo, interior ou fundamental para um ser, sugerindo simultaneamente sua abertura para aquilo que ele se torna, para o que vem a ser, seu devir próprio.[3]

A *Metafísica* constitui-se, pelo menos em um de seus mais relevantes níveis, como uma *ousiologia*, a busca ou pesquisa rigorosa e a mais sistemática possível da *ousia*. Os livros que a compõem tentam abordar, portanto, os seres em movimento, mas tomados em si mesmos, essencial e substancialmente, considerados a partir do que eles foram e continuam a ser. Trata-se, pois, de um problema bastante complicado, porque, ao considerar os seres sob a perspectiva da *ousia*, a metafísica descobre que esta *ousia*, a "essência-substância", a "essência substancial" ou, ainda, a "qüididade" — se preferimos seguir os desdobramentos latinos desse conceito —, se apresenta como que apartada de si, cindida em seu interior pelo movimento, atravessada internamente pelas variações e alterações contínuas que ela recebe do movimento.

A metafísica aristotélica seria, com efeito, essa ciência complexa e de constituição problemática: a ciência do ente enquanto ente. Não se pode mais, como pretendia Parmênides, abordar o ser isoladamente, considerado apenas em função de suas propriedades intrínsecas ou de seus aspectos essenciais. Trata-se, para Aristóteles, de pensar o ser "enquanto efetivamente é", em sua realidade movente; ou seja, já não se pode mais deixar de levar em conta, ao lado da essência formal, a substância material submetida a sucessivos estados. A forma e a matéria, o ser e o estar.

Cabe portanto considerar o ser em sua totalidade, o núcleo de permanência que lhe dá subsistência, consistência e que permanece inalterável no decurso da geração e da corrupção; mas também toda acidentalidade, todo movimento que se acrescenta a esse núcleo estável ou a essa *ousia*, substância ou essência no sentido fundamental.

Foi necessário portanto romper com Parmênides e com toda a tradição eleática para afirmar a realidade do movimento e a complexidade dos seres que, ao lado de sua essência-substancial, do núcleo de estabilidade que os mantém sempre idênticos a si, são constantemente modificados por tudo aquilo que lhes acontece, por todo movimento que, vindo de fora, os agita e transforma.

Aristóteles não adota os mesmos princípios de Parmênides. Ao lado da essência fixa, imóvel e eterna ele reconhece que os seres que existem, são, sofrem modificações e se encontram submetidos à alternância dos estados sucessivos. Assim, para Aristótelos, os seres são e estão. São como essência-substancial, núcleo estável de permanência; e estão na condição de sujeitados ao movimento, aos acidentes, às modificações, mudanças e alterações. A realidade do ser é a de um composto, mistura de essência e acidente, de um núcleo de permanência e das contínuas alterações a que ele se submete.

Podem-se destacar pelo menos esses dois aspectos, o ser tal qual ele é e os modos de ser do ser, ou seja, as diferentes categorias ou atributos pelos quais se exprimem esses modos ou modificações da substância: a essência, a qualidade, a quantidade, a relação, o tempo, o lugar, a situação, a ação, a paixão e a posse. Há, portanto, ao lado do sentido primeiro — pelo qual se diz o que algo é e se expressa sua essência, os atributos que qualificam, que exprimem a qualidade de ser forte como um touro ou negro como a laca —, atributos como os de quantidade, tais como medir 1,70m ou 1,80m; os que se afirmam com relação aos outros, tais como ser maior ou menor. Mas ainda há atributos que dizem respeito ao tempo, ao lugar, à situação, à ação, paixão e posse.

Aristóteles coloca o tempo — o objeto de nossa atual investigação — como algo que pertence à ordem dos acidentes, ao domínio da acidentalidade. Por conseguinte, o tempo é, ao lado do espaço, da qualidade, da quantidade, da ação e da paixão, um dos modos pelos quais o ser é. Mas o tempo, assim como esses outros atributos, não define o que o ser é na sua essência, só o define acidentalmente. Nesse sentido, o tempo, para Aristóteles, é apenas um acidente que se acrescenta à essência. Por isso, no desenvolvimento de uma vida, deve-se considerar a temporalidade como uma realidade adjacente ou lateral àquela da essência formal. A substância material, contudo, encontra-se sujeita ao movimento, está cindida pelo movimento e, portanto, submetida à temporalidade. O tempo nela se inscreve à proporção que o movimento lhe é consubstancial, em que o tempo é a medida, o número do movimento. Concebido em função do movimento, o tempo é número. A fórmula aristotélica do tempo indica que ele é o número do movimento relativamente ao anterior e ao posterior.[4]

Desse modo, parece que devemos considerar indireta a definição aristotélica do tempo, ou seja, ela decorre e se desdobra a partir da noção de movimento. Embora o tempo não seja o movimento, ele é próprio do movimento; para definir o primeiro deve-se recorrer ao segundo como seu próprio. O tempo é, então, deduzido do movimento. Para saber o que ele é, faz-se necessário saber o que é do movimento. Se o movimento é consubstancial aos seres, o tempo é para os seres um mero atributo, um acidente, um aspecto ou uma característica acidental.

É possível traçar uma imagem do tempo tal como ele é compreendido entre os diferentes atributos: o tempo-medida, número do movimento, fio estendido entre o anterior e o posterior. Imagem de um tempo que se esquadrinha no espaço, se comprime entre as ações e paixões dos corpos, vestígios cinéticos do mundo, rastros da mobilidade do todo e do devir universal.

Tudo o que se considerou até aqui é bastante sugestivo daquilo que constitui, entre tantas outras, as denominadas questões da metafísica: o ser, a essência, os acidentes, o movimento, a mudança e o tempo, porque o tempo é também um problema metafísico, talvez o maior de todos. É isso fundamentalmente o que Bergson insiste em dizer: o tempo é o grande problema da metafísica, é o maior desafio do pensamento, e não um acidente. Se não se pode pretender que ele venha a ocupar o lugar das velhas essências metafísicas, isso sem dúvida acontece porque a idéia de essência — por tradição definida como una, imóvel e eterna — não pode corresponder inteiramente à realidade do tempo, que é o grande desafio do pensamento, o problema maior da metafísica.

Desde os gregos, portanto, a metafísica é parte essencial da filosofia. Contudo, assim que se torna disciplina filosófica, ela passa a ser também objeto de uma grande disputa no interior da história da filosofia. Não seria necessário esperar que Kant (1724-1804) viesse decretar a impossibilidade e a necessidade de seu abandono, ou determinar a sua morte. A metafísica não deixou nunca de acabar e de ser ultrapassada, desde o momento mesmo de sua invenção. Filha bastarda da filosofia, sempre teve a morte anunciada pelo tribunal da razão filosófica; para atacar, depreciar ou fazer calar um filósofo, basta acusá-lo de metafísico, ou sugerir que em alguma medida ele se insere nessa tradição espúria.

Sem dúvida alguma Bergson é um metafísico, mas um metafísico inteiramente original. Em primeiro lugar, porque ele considera que os problemas metafísicos, os verdadeiros problemas de ordem metafísica, talvez tenham sido mal formulados. Esse aspecto é fundamental para qualquer aproximação de Bergson, porque ele é o grande pensador dos problemas. Para ele, o problema da filosofia não são as respostas, mas os problemas. Que as respostas dadas aos problemas sejam, em geral, insuficientes, isso não chega a surpreender, posto que as respostas respondem; e respondem a problemas mal formulados e colocados de maneira insuficiente. É preciso, pois, recolocar os problemas, situá-los novamente. Em segundo lugar, cabe encontrar atributos positivos para o tempo, porque somente a perspectiva temporal pode recolocar os problemas metafísicos.

Assim, os problemas metafísicos estão mal colocados, e a prova disso é que a metafísica dá para eles sucessivas respostas, fornece réplicas parciais e insuficientes para questões que se pretendem eternas. Ora, se os problemas da metafísica não se encontram definitivamente resolvidos, é porque eles são temporais, ou seja, dizem respeito ao tempo. As questões que a metafísica propõe e tenta responder são falsos problemas, porque se pretendem fora do tempo.

Quando Bergson afirma que a metafísica nasceu no dia em que Zenão de Eléia assinalou as contradições inerentes ao movimento e à mudança, tais como nossa inteligência os representa, ele sugere que essas contradições se devem, antes, à nossa inteligência, ao modo particular de ela representar movimento e mudança, e não ao próprio movimento e à mudança. É nossa inteligência que implica contradição ou que nos leva a ela.

A grande questão da metafísica antiga e, de modo geral, do pensamento filosófico é a tentativa de representar intelectualmente movimento e mudança. A antiga metafísica — e a tradição filosófica que dela decorre — não consegue representar adequadamente para si nem o movimento nem a mudança. Por isso o pensamento foi levado a procurar a realidade das coisas acima do tempo. Se o pensamento não consegue representar a mudança e o movimento, ele deve abandonar o movimento em direção ao imóvel, e a mudança, em direção ao imutável; precisa fazer isso ou se colocar para além do tempo. Ao abandonar o tempo, o pensamento mergulha na transcendência, na ilusão do sem-tempo. Como não consegue dar conta da mudança, da alteração e do movimento, e como não consegue conceber a acidentalidade, a inteligência esculpe uma realidade acima do tempo.

Então, o que faz a inteligência? Ela substitui a nossa experiência móvel, plena e susceptível de um aprofundamento crescente; substitui a nossa experiência contínua por um extrato fixo, seco, vazio, um sistema de idéias gerais abstratas, tiradas da experiência, ou antes, de suas camadas mais superficiais. Impotente diante da realidade móvel, da fluidez de nossa experiência, a inteligência substitui essa experiência por sistemas abstratos, por idéias gerais.

É isso o que Bergson indica ao afirmar que

> ... seria o mesmo que dissertar sobre o invólucro donde sairá a borboleta e pretender que a borboleta, voando, transformando, vivendo, tenha sua razao de ser e sua perfeição na imutabilidade daquela película. Afastemos, ao contrário, o invólucro, libertemos a crisálida, restituamos ao movimento sua mobilidade, à mudança sua fluidez, ao tempo sua duração. Quem sabe se os grandes problemas insolúveis não ficarão na película. Eles não dizem respeito, nem ao movimento, nem a mudança, nem ao tempo, mas somente ao invólucro conceitual com o qual falsamente os confundíamos ou tomávamos por equivalentes. A

metafísica tornar-se-á, então, a própria experiência, a duração revelar-se-á criação contínua, ininterrupto jogo de novidades.[5]

Ora, o que Bergson está propondo para a metafísica é que ela seja capaz de restituir ao movimento a mobilidade; à mudança, a fluidez; ao tempo, a duração. Todos os problemas anteriores da metafísica se assemelham a essa película fixa, imóvel e permanente que a borboleta abandona ao fazer o seu vôo contínuo, ininterrupto, um jorro de novidade.

O que Bergson propõe, portanto, é que as antigas noções constituintes da metafísica e os velhos postulados relativos ao ser — conceitos abstratos, mediatos, relativos e vazios — sejam todos subvertidos. A metafísica precisa abandonar todo e qualquer ponto de vista, toda mediação, toda abstração e realizar a experiência do *absoluto*. Essa experiência requer o abandono da análise, da representação simbólica tradicional. Ela consiste em explorar um método absolutamente novo, que é a *intuição*. O que Bergson recusa é o conhecimento relativo, simbólico e analítico, em nome de uma aproximação ou *simpatia*, de uma afecção conjunta na qual coincidimos ou coexistimos na duração, em consonância com as coisas das quais obtemos provavelmente, não um conhecimento, mas uma intimidade.

A grande exigência que Bergson coloca para a metafísica é que dispense o raciocínio atributivo e os símbolos do pensamento representativo para passar a pensar com signos que ela vai ter de criar, com conceitos que vai ter de produzir, de modo a coincidir com o movimento e com o tempo. Pensar não é representar ou reconstruir posições no espaço e instantes no tempo, mas é um ato de criação, construção e reconstrução de todo o campo conceitual da filosofia.

Como essa construção, essa invenção conceitual se coaduna com a posição dos problemas? Tome-se por exemplo um corpo que cai. O que está ocorrendo com ele enquanto cai — não a cada instante que cai ou a cada posição que ultrapassa — só é indicado pelo continuum da queda, pela alteração permanente dos estados que nele se sucedem, pelo que efetivamente nele se passa. A queda, o devir de um corpo em movimento, é uma linha contínua, uma travessia no tempo. Mas a inteligência rebate o movimento no espaço, nas posições que o corpo ultrapassa, e mede os instantes percorridos no tempo. A inteligência sempre faz isso. Ela não é um instrumento adequado para a metafísica que Bergson reclama, sobretudo porque a tendência principal da inteligência é espacializar o movimento.

Ao fazer isso junto com o movimento, a inteligência arrasta o tempo: ela gruda o movimento no espaço e enrola o tempo no movimento. Começam então dois problemas: primeiro, desgrudar o movimento do espaço; segundo, desenrolar o tempo do movimento, porque tudo virou um bolo e um rolo. O movimento e o espaço se embolaram, e o tempo se enrolou dentro do movimento. O problema é soltar o móvel do espaço, liberar o tempo do movimento. É preciso separar o misto, desatar o nó. Não se trata, com efeito, de pensar o movimento ou de conceituar o tempo. É preciso, antes, pôr o movimento no pensamento e o tempo no conceito. Assim, o problema metafísico muda de dimensão: do bloco espaço-temporal da experiência sensório-motora para o desenrolar do tempo, o escoamento da duração. A intuição metafísica abre essa possibilidade, aquém do movimento, e uma nova realidade se anuncia: a duração pura no interior da qual o espaço e o movimento encontram a ordenação do tempo. É esse grandioso trabalho que Bergson realiza ao longo de sua vida.

Inverter a marcha habitual do pensamento é, portanto, renunciar a essa tendência do próprio pensamento à espacialização da experiência, aos círculos viciosos da análise e às sínteses imediatas da ação. Bergson reserva para o pensamento a tarefa criadora de conceitos capazes de expressar a experiência invadida pela duração. Em algumas de suas teses podem-se encontrar delineados alguns dos princípios de sua filosofia: há uma realidade exterior, dada imediatamente à nossa essência; essa realidade é a mobilidade; a metafísica deve operar diferenciações e integrações qualitativas; o conhecimento simbólico, por meio de conceitos preexistentes, que vai do fixo ao movente, é relativo; a intuição que se instala no movente e adota a própria vida das coisas atinge um absoluto; a metafísica nada tem em comum com uma generalização da experiência, ela só pode ser definida como experiência integral da realidade; a experiência integral instalada na mobilidade, na mudança e na alteração adota para si a própria vida das coisas.

Considere-se aqui somente um desses — digamos — princípios que Bergson enuncia como a experiência integral da metafísica. Essa experiência integral é da ordem do tempo e da duração, ela se confunde com a experiência da temporalidade.

Descartamos o tempo da experiência, diz Bergson, quando tentamos reconstruir o movimento pelas posições no espaço e pelos instantes do tempo. O problema é extremamente simples: como "perdemos" o tempo? Quando submetemos aquilo que muda e que se transforma continuamente em pontos espaciais ou instantes temporais; quando começamos a abstrair a experiência contínua da vida, a referi-la e rebatê-la sobre pontos no espaço e instantes no tempo; quando enclausuramos a experiência no bloco espaço-temporal; quando a utilidade das ações passa a condicionar toda a nossa apreensão do tempo.

Ora, o misto espaço-temporal é somente uma parte da experiência. A experiência integral deve incluir a duração, a coexistência na duração. A duração, segundo Bergson, é aquilo que há de mais íntimo em cada coisa, porque as coisas e os seres não são senão duração. É preciso conceber a coexistência das diferentes durações no mundo, e o mundo, para Bergson, se resume nisso: a coexistência das diferentes durações.

É preciso retomar aqui o início do percurso e recuar até as antigas concepções do ser, às velhas essências da metafísica. Bergson recusa a metafísica antiga ao sustentar que o ser é alteração, é mudança. Ele propõe que a substância é pura alteração, não é fixa e inalterável. Pode-se reconstruir o fixo a partir dela, mas não se pode, a partir do fixo, restituir ao móvel sua mobilidade. A substância é duração e consiste precisamente em durar e diferir. Sua natureza é pura heterogeneidade, é diferença de si. A realidade do mundo, a realidade do Universo, é a coexistência da duração que se diferencia. A duração se apresenta como diferença ou diferenciação qualitativa. O que se passa no mundo? A coexistência de durações diferentes e divergentes. As coisas e os seres têm todo o direito de durar e de se modificar para continuar durando.

O que se passa com a vida? A vida é tendência à diferenciação. Portanto, a própria vida é a duração se diferenciando, porque se não se diferencia ela não dura. Aliás, há efetivamente um momento em que ela não poderá mais se diferenciar. Para se prolongar a vida devem-se inventar muitas vezes novos meios e outras direções. O mundo vai-se tornando possível, cria seus possíveis somente e tão-somente à medida que se vai diferenciando, assim como a vida se atualiza somente à medida que for capaz de ir inventando a si mesma.

A duração é, nesse sentido, a própria condição de possibilidade de toda experimentação. Para o pensamento, a realidade do tempo é também a realidade da criação e da invenção permanentes, uma vez que "tudo não é dado", embora muita coisa seja dada. "Que tudo não esteja dado, eis a realidade do tempo." Ela significa, antes de mais nada, que não há um todo fechado, dado de antemão, que regule o início e o fim e contenha em si todas as coisas. Se tudo não é dado, o todo não é fechado. O que isso significa? Que temos possibilidades — mais do que possibilidades, temos virtualidades não-atualizadas, algo que escapa ao dado. O dado é mais do que o dado e escapa por todos os lados, em todas as direções e sentidos. Não pode ser pensado única e exclusivamente pelo dado, mas a partir de um outro lugar. Essa é a realidade do tempo.

Parece ser isso o que Gilles Deleuze, em seu belíssimo estudo denominado *O bergsonismo*,[6] indica como tema lírico de Bergson, aquele que percorre toda a sua obra e que seria mais ou menos da ordem de um canto: "um canto em louvor do novo, um canto em louvor do imprevisível, um canto em louvor da invenção e da liberdade."

Notas

1. *Quid Aristote de loco senserit*, Paris, Sorbone, 1889. Ver trad. francesa de Robert Mossé- Bastide, "L'idée de lieu chez Aristote", in *Les études bergsoniennes*, vol.II, Paris, Éditions Albin Michel, 1949.

2. Para a tradução, ver Pierre Aubenque, "Aristóteles", in Denis Huimans (org.), *Dicionário dos filósofos*, São Paulo, Martins Fontes, 2001.

3. Ver Pierre Aubenque, *Le problème de l'être chez Aristote. Essai sur la problématique aristotélicienne*, Paris, PUF, 1983.

4. Aristóteles, *Phyique*, IV, 10-14. Ver a esse respeito o artigo de L. Routilla, "La définition aristotélicienne du temp", in Pierre Aubenque (org.), *Concepts et catégories dans la pensée antique*, Paris,Vrin, 1980.

5. Henri Bergson, *O pensamento e o movente: Introdução*, primeira parte, in *Henri Bergson*, São Paulo, Abril Cultural (Coleção Os Pensadores), 1979.

6. Gilles Deleuze, *Le bergsonisme*, Paris, PUF,1968.

O tempo e a originalidade da fotografia moderna

• *Mauricio Lissovsky* •

O título deste artigo comporta desde logo dois problemas. O primeiro é: de que concepção, conceito ou experiência do *tempo* se fala? Para evitar a imprudência de naufragarmos em metafísica, reservo-me o direito de apenas enunciar que a dimensão do tempo de que trataremos aqui é a do *instante.*

O segundo problema, não menos traiçoeiro, é: que sentido atribuir à noção de *originalidade*? No seu uso mais corrente, seja quando nos referimos à obra de um artista ou a um concurso de fantasias carnavalescas, a originalidade parece dizer respeito a um quê de novidade e diferença, a uma singularidade que distingue e individualiza. Na presente reflexão, proponho que se atribua ao termo uma compreensão um pouco mais radical, aquela proposta por Walter Benjamin em seu estudo sobre a *Origem do drama barroco alemão.* Para Benjamin, "o termo origem não designa ... o vir-a-ser daquilo que se origina, e sim algo que emerge do vir-a-ser e da extinção".[1] Neste sentido, a origem não pode ser apreendida no "início" de algo, mas apenas, e de uma vez, na consumação de sua história. A origem é, como numa tradução literal do alemão, uma fonte que permanece pulsando, insistindo, e graças à qual algo pode sustentar-se como existente. No momento em que essa origem se enfraquece, desaparece junto com ela o vigor de uma certa experiência.

A discussão que pretendo desenvolver sobre a originalidade da fotografia moderna é, nesse sentido, uma discussão sobre a sua origem.[2] Não pretendo fazê-la de modo historicista ou arqueológico, no varejo dos inícios, seguindo as derivações dos estilos ou salientando rupturas. Nos dias que correm, a fotografia moderna parece estar encerrando seu ciclo de criação. Com o hibridismo que dilui as fronteiras entre as formas tradicionais da arte, e com a difusão dos sistemas digitais, que retiram da imagem a diferença de seu suporte, algo do que é propriamente fotográfico parece evanescer. Agora, portanto, ao modo de Benjamin, pode ter chegado o momento de arrematar a fotografia no atacado. Sua origem se expõe como fratura.

Alguns trabalhos recentes parecem compartilhar dessa mesma opinião.[3] A maior parte deles tem atribuído essa origem ao *desejo*. O estudo pioneiro de Peter Galassi, relendo a pintura de fins do século XVIII e início do XIX à luz da posterior invenção da fotografia, teve enorme influência entre os defensores desse ponto de vista.[4] Com base neste trabalho, o teórico da imagem francês Jacques Aumont afirmou: "A condição de possibilidade (não estou falando de causa) da invenção da fotografia encontra-se no desejo de uma sociedade já engajada na produção de imagens de um novo tipo."[5]

Uma das mais extensas argumentações em favor da hipótese de que "a origem é o desejo" é fornecida por Geoffrey Bachten, cuja história da "concepção da fotografia", inspirada em Foucault, não se pergunta "quem inventou a fotografia, mas em que momento na história o desejo de fotografar emergiu e começou insistentemente a manifestar-se, ... em que momento a fotografia passou de uma fantasia individual para um imperativo social claramente disseminado".[6] A conclusão a que chega — e não poderia ser de outro modo — é que a fotografia "foi produto (e contribuinte) de certas mudanças no tecido da cultura européia como um todo", não se podendo pensar o seu início como algo "fixo", mas como um "campo problemático", impalpável, sujeito a sucessivos "deslocamentos". Assim (in)definida, a origem da fotografia deixa de ser um acontecimento singular para coincidir com a "emergência" difusa de seu desejo, "no momento em que as epistemes clássica e moderna estavam imbricadas uma na outra".[7]

Uma investigação inteiramente distinta em torno da origem da fotografia é empreendida pelo crítico português Pedro Miguel Frade. Assim como Bachten, ele se detém sobre os discursos dos "inventores". Mas o que ali encontra não é o "desejo" difuso, deslocado; é acima de tudo o *espanto*. Frade está igualmente em busca de um específico da fotografia; porém, ao dar seu "salto para trás", sobre a origem, quer "procurar nos primeiros espantos face às fotografias, ou, mais precisamente, rebuscando nas linguagens que então falaram esses espantos, os indícios longínquos da possibilidade mesma de um tal debate".[8] Nesse primeiro momento — portanto original — em que a imagem fotográfica se deixa contemplar, quando ainda não há "protocolos para a freqüentação das fotografias", o olhar se perde "numa multidão de pequenos trajetos, de seqüências imprevisíveis":

> Nessas imagens tudo se passava como se a grande via do sentido fosse constantemente ameaçada pelos inúmeros caminhos deixados em aberto para que o olhar aí se perdesse nos exercícios insensatos que constituíam o correlato mo-

vente de toda essa *suculência do minúsculo* que a cada momento o excedia e o desafiava.[9]

Os esforços de Bachten e Frade têm algo em comum. Os dois autores procuram situar a origem da fotografia num "antes", seja o "antes" de seu advento (Bachten) ou o "antes" de seu hábito (Frade). Numa e noutra hipóteses, ainda que a origem se prolongue em "essência", em "especificidade" do fotográfico, ela é de algum modo assimilada ao início. Ambas fundam-se no pressuposto de que a origem é mais visível no alvorecer de um processo do que em qualquer outro ponto de seu desenvolvimento. A perspectiva que defendo é que ela só pode ser plenamente verificada "depois" de seu advento e "depois" de seu hábito.

Minha hipótese, neste caso, é que a origem da fotografia — ao menos da fotografia moderna, se admitimos essa concessão historicista — foi sua relação com o tempo. Foi o modo como, aceitando o tempo como o invisível da imagem fotográfica, permitiu que ele a atravessasse de múltiplas maneiras. Aceitando o desafio de exprimir a ausência do tempo, a fotografia moderna percorreu seus mais belos caminhos.[10]

No início da fotografia o tempo se fazia presente apenas como um ingrediente problemático do registro. Quando Nièpce começou a produzir suas primeiras imagens, em 1829, o tempo de exposição da "chapa" girava em torno de dez ou doze horas. Em 1840, Hubert, assistente de Daguerre, publicava uma tabela em que os tempos de exposição recomendados variavam entre quatro e meio e sessenta minutos. Ainda que esses tempos, com a evolução dos processos de fotossensibilização dos suportes, tenham sido reduzidos, ao longo das décadas seguintes, a frações do minuto, somente na década de 1870, com a utilização de substâncias mais sensíveis e, conseqüentemente, de obturadores mais rápidos, a fotografia tornou-se realmente *instantânea*.

Se, como assinala Frade, o "espanto" em relação ao detalhe, ao minúsculo, aparece para a fotografia logo nos seus primórdios, um outro espanto só pôde revelar-se com o advento da tecnologia do instantâneo: o "espanto" diante do "muito rápido". Nas primeiras décadas de sua história, a fotografia era incapaz de registrar corpos móveis. Mas a partir da década de 1870 o acesso à velocidade tornou-se possível. A intensidade com que fotógrafos como Muybridge e Jules-Marey dedicaram-se às suas *cronofotografias* (que de fato deveriam chamar-se "dromofotografias"), constituindo seqüências de movimentos humanos e animais — e a curiosidade que despertavam estas imagens —, marcou a época. Libertos da duração, os fotógrafos acreditaram finalmente ter dominado o tempo, que antes os atormentava. Mas aquilo que então apreendiam era apenas movimento — a forma "cinemática" do tempo, diria Bergson —, sua miragem. Quando surgiu o cinema, a miragem se desfez.

A rigor, a busca de representação fotográfica do tempo como movimento sobreviveu ao início da cinegrafia. O melhor exemplo desse esforço é a fotografia futurista da década de 1910, que buscava captar o movimento como "afecção do espaço". Ou ainda as famosas anamorfoses de Jacques-Henri Lartigue, ao registrar uma corrida de automóveis em 1912.

De fato, entre o surgimento da tecnologia do instantâneo e o nascimento da fotografia moderna — cuja condição técnica de possibilidade é exatamente o instantâneo —, passaram-se praticamente quarenta anos. Tal intervalo pode ter sido necessário para que essa tecnologia finalmente se naturalizasse, para que o "problema do tempo" caísse no esquecimento, e a miragem do movimento perdesse seu encanto. O tempo, então, tornou-se invisível para a fotografia. E desde quando afinal ele foi se refugiar num fora-da-imagem, desde aí é que começa a fazer realmente diferença. Sua ausência, sua irrepresentabilidade, faz-se a "origem" da fotografia.

Agora precisamos retomar a pergunta que se havia colocado de lado no início e que já se torna incontornável. Há ou não o instante? A essa pergunta, decisiva no que diz respeito ao argumento que apresento e ao próprio estatuto da fotografia, é necessário fornecer uma resposta, ainda que cautelosa. Se acreditamos em Henri Bergson, em *Matéria e memória* e *A evolução criadora*, a resposta é não. Para o filósofo, a única experiência possível é a da duração. O instante é sempre artificial, secundário, resultado de uma operação de abstração que espacializa o tempo, um engodo dos geômetras para engabelar os filósofos — inventado numa época em que as distinções entre uns e outros não eram muito claras. Mais do que isso, o instante é *transcendente*, ele se abate sobre o contínuo da duração, vindo do exterior. O instante seria a marca de uma filosofia e de uma ciência instantâneas, fruto de uma inteligência interesseira que está "limitada à ação".

No seu esforço de conferir estatuto ontológico à duração, Bergson transforma o instante em "vilão do pensamento". Para o filósofo, a exterioridade do instante está marcada por esse processo em que "se destacam da duração os momentos que nos interessam e que colhêramos ao longo do percurso".[11] O instante vende a ilusão de podermos pensar o "instável por meio do estável, o movente por meio do imóvel".[12]

Curioso na concepção bergsoniana é que o instante não é uma fotografia, mas um fotograma — o fotograma de uma película cinematográfica. Para Bergson, o cinema e a "filosofia das idéias" compartilhariam de um mecanismo comum: a reconstituição artificiosa da mudança e do devir das coisas. "Em vez de nos ligar ao devir interior das coisas, nós nos colocamos fora delas para reproduzir seu devir artificialmente." A filosofia e a ciência teriam nos transformado em espectadores.

Gilles Deleuze — ao retomar as teses de Bergson sobre o movimento e o tempo em seus dois livros sobre o cinema — não considerou necessário empreender uma revisão da concepção de instante que elas implicavam. Também para Deleuze o instantâneo é um fotograma (um instante qualquer, um recorte exterior), e não uma fotografia. À luz das teses de Bergson acerca da duração, Deleuze reencontra a temporalidade própria do cinema. Afinal, ele argumenta, tivesse Bergson conhecido o cinema moderno, talvez houvesse percebido nele algo mais do que a reconstituição artificiosa do devir.

Em alguma medida, o movimento que realizo é análogo ao de Deleuze, guardadas as devidas proporções. Ao utilizar algo da reflexão de Bergson para compreender a temporalidade própria da fotografia, lanço mão da mesma escusa deleuziana: quando Bergson escreveu suas principais teses sobre o tempo e a duração (entre 1890 e 1910), a fotografia, que já tinha mais de meio século de existência, ainda não manifestara plenamente sua origem.[13]

Este repto em favor do instante tem alguns predecessores célebres. O maior deles certamente foi Gaston Bachelard, que, em dois ensaios dos anos 1930 — *A intuição do instante* e *Dialética da duração* —, buscou formular uma teoria que chamou de "bergsonismo descontínuo".[14] Uma espécie de bergsonismo de cabeça para baixo, em que o instante é primeiro, imediato, e a duração é um "prolongamento", um "prosseguir". A descontinuidade essencial do tempo constituía, para Bachelard, um modo de conciliar metafísica, poética e ciência contemporânea — esta última representada pelos "saltos" da física quântica e pela teoria da relatividade.[15]

Enquanto a duração bergsoniana seria correlata da *ação*, o instante representaria o *ato*. Deste dependeria toda originalidade, como da pancada que faz vibrar o couro no som de um instrumento de *percussão*: "Uma força infinitamente grande que se desenvolve num tempo infinitamente curto." A filosofia de Bergson encararia a vida como contemplação passiva. Bachelard propunha a vida como propulsão, como ato de decisão.[16] Sendo secundária em relação ao instante, a duração é inapreensível diretamente, constituindo um mero "fenômeno de perspectiva": "A linha que reúne os pontos e que esquematiza a duração não passa de uma função panorâmica e retrospectiva."[17] Como só pode ser apreendida por via subjetiva e indireta, a duração bergsoniana seria "filha da monotonia", impressão de continuidade que decorre da repetição de instantes sem qualquer novidade.[18]

Ainda que simpatize com o esforço de Bachelard em valorizar o instante, há duas coisas que me incomodam em sua tese. A primeira é que a única função atribuível ao instante é inaugurar uma ação, jamais consumá-la. As descontinuidades sustentam-se numa sucessão de começos que nunca são terminados, apenas interrompidos por outros começos. A segunda é essa assimilação do instante primordial a um ato de "decisão", como se este não pudesse ser precedido pela intensa agonia da indecisão. Afinal, que exemplo melhor de experiência da duração do que a indecisão? Dura-se na indecisão, nela o tempo pesa.

A conclusão a que cheguei é que a inversão proposta por Bachelard à duração bergsoniana e as revisões de tais teses feitas por Deleuze são insatisfatórias quando se pretende pensar o instantâneo fotográfico. Minha própria "intuição do instante" é que é possível conciliá-lo com a experiência da duração. Para que tal conciliação seja bem-sucedida, devemos pensar o instante imanentemente, e não como uma exterioridade que se abate sobre o contínuo.

A primeira coisa que cabe demonstrar, portanto, é que *existe um instante.* A tese aqui é simples, fenomenológica, quase pragmatista, ao modo da filosofia norte-americana contemporânea. Para que ela prevaleça é preciso recusar primeiro o argumento falacioso de que não existe instantâneo, pois toda exposição fotográfica "dura" alguma coisa. Esta duração *objetiva*, no entanto, é verdadeiramente uma *abstração* cronométrica. Nossa *acuidade perceptiva* é *limitada.* O ciclo do neurônio dura apenas um centésimo de segundo. Os intervalos de tempo que transcorrem entre a estimulação da retina e a excitação correspondente no córtex cerebral situam-se entre um sétimo e um vigésimo de segundo. Isso implica que dois eventos distintos um do outro — tal como o início e o fim de uma exposição fotográfica —, quando ocorrem em intervalos muito inferiores a estes, escapam à nossa capacidade de discernir. Eles são, do ponto de vista da nossa percepção, rigorosamente instantâneos (e simultâneos).

A fotografia transpôs este limiar de possibilidade de discernimento na década de 1870. Durante quarenta anos ela apegou-se ao movimento, tentando manter-se coetânea a ele, surpreendê-lo em seus interstícios. Ao cabo de uma geração, o instantâneo afinal se naturalizou. Assimilou-se à experiência fotográfica como parte de sua "natureza". Para onde haveria ido o tempo que antes habitava o ato fotográfico? Para onde teria se deslocado a duração dessa experiência? Minha opinião é que o tempo foi para um lugar a partir do qual sua ausência passou a se fazer presente. Em outras palavras: quando a técnica do instantâneo se naturaliza, fotografar torna-se a prática de um ausentar-se do tempo, de um *refluir do tempo para fora da imagem*. Pois a fotografia moderna não é um instante qualquer, ao modo do fotograma de Bergson, cuja sucessão pretende aderir ao movimento. Ela adquire uma duração que lhe é própria, que toma corpo neste lugar onde o refluir do tempo tem curso, no qual o instante ainda não está dado e onde ele se realiza. Este lugar é a *espera*.

A espera é um lugar difícil de descrever, pois, como assinala Bergson, "desta espera determinada ... a ciência não pode dar conta: mesmo quando ela se relaciona ao tempo que se desenrola ou se desenrolará, ela o trata como se ele já tivesse passado".[19] E no entanto não é de outra coisa que falam os fotógrafos modernos: de sua espera e do modo como ela se torna — ela, e não a imagem — a principal matéria sobre a qual trabalham. Pensando dessa maneira, as posições invertem-se: o instante deixa de ser a interrupção artificial da duração e passa a ser produzido por ela, gestado em seu interior. E o instantâneo fotográfico deixa de ser uma imagem desprovida de tempo (como o fotograma), para ser uma forma particular em que o tempo se manifesta pelo vestígio de seu ausentar-se, pelo seu modo de refluir. A esse vestígio, a esse traço deixado pelo tempo quando bate em retirada, eu chamo *aspecto*.[20]

A origem da fotografia — que só com a fotografia moderna manifesta-se na sua plenitude — é este refluir do tempo que sempre esteve presente em toda imagem "fixa". Por meio da espera, o fotógrafo procura imprimir na imagem o tempo que se ausenta. A espera é a duração própria do ato fotográfico e o modo como os fotógrafos facultam ao instante o seu advento. Na duração da espera, o tempo devém instante.

O desafio dos fotógrafos modernos — aquilo que foi constituindo na fotografia a sua arte e sua linguagem — foi durar, esperar diferentemente. E em cada um dos modos de espera que a experiência moderna proporcionou — nas suas distintas maneiras de durar —, a fotografia encontrou suas formas mais sutis: as instantâneas, pelas quais o tempo que se ausenta dá a ver os seus múltiplos aspectos.

Em outro artigo analisei mais detidamente a obra de quatro fotógrafos: August Sander, Henri Cartier-Bresson, Diane Arbus e Sebastião Salgado.[21] Escolhi-os em função da profunda unidade formal de suas obras e porque representam, a meu ver, os modos clássicos da espera, cujas principais características poderiam ser organizadas conforme os conceitos-matrizes que proponho a seguir.

O primeiro deles é o de *latitude de espera*. Esta latitude pode ser larga ou estreita, conforme a janela que se abre para o devir do instante. Quando é larga, o instante instala-se confortavelmente. Quando é estreita, ele parece comprimido, espremido, incontido em si mesmo. August Sander e Diane Arbus, no âmbito do retrato, são exemplos polares dessas duas latitudes. Enquanto nas fotos de duplas e grupos de Sander as semelhanças parecem acomodar-se, nas de Arbus (inclusive na famosa "Gêmeas idênticas") a semelhança parece sempre escapar. Acomodar-se ou não na imagem é uma característica que reflete a diferença na relação entre a pose e o instante no interior do ato fotográfico. Em Sander o centro de gravidade da pose jaz no instante. Em Arbus ele é descentrado, parece cair sempre um pouco antes ou um pouco depois do instante.

Entre Sebastião Salgado e Cartier-Bresson, a mesma diferença de latitude pode ser percebida. Para Bresson a latitude da espera é estreita, como em Arbus: "Fotografar é reconhecer, num mesmo instante e numa fração de segundo, um fato e a organizaçao rigorosa das formas percebidas visualmente que exprimem esse fato", diz ele. A latitude de espera deve ser estreita o bastante para capturar este e apenas este encontro fugidio entre o acontecimento e a geometria. Estreita o bastante para que dure apenas o tempo de uma decisão, por mais longo que seja o intervalo que a precede e em que nada se decide. A temporalidade específica do seu instante é *kairós*, a ocasião, a oportunidade.

Já com Salgado a temporalidade do instante é *akmé*, a culminância, o ápice. A evolução das formas não se dá ao acaso, como em Bresson, mas têm um sentido necessário. Por meio da espera o fotógrafo descreve uma curva com a qual converge para o "fenômeno fotográfico". Suas imagens são teleológicas e já estão de certo modo inscritas desde antes de serem produzidas. Isso ajuda a compreender a semelhança entre suas fotografias e uma iconografia religiosa. A latitude de espera deve ser larga o bastante para que a evolução da forma encontre o lugar que lhe estava desde o início *destinado*.

A essas diferenças e semelhanças relativas à latitude da espera convém agora acrescentar outras, relativas à atitude daquele que espera. Dois desses fotógrafos caracterizam-se por um modo passivo de espera: August Sander e Henri Cartier-Bresson. O primeiro, que dedicou grande parte de sua vida a um projeto de "tipos" alemães, esperava pela acomodação de seu instante como um granjeiro que engorda um leitão para a ceia de Natal. A pose do modelo sedimentava-se lentamente até que ele perdesse sua individualidade e recaísse apenas no tipológico ("notário", "cantoneiro", "revolucionário"), assim como um porquinho de estimação forçosamente perde o nome ao ser servido no jantar com uma maçã enfiada na boca. A passividade da espera decorre de sua confiança "sociológica" numa imagem que vai fatalmente configurar-se sob a ação de sua própria gravidade.

Uma atitude similar de espera (similar em sua passividade), mas com resultados inteiramente diferentes, é a que encontramos em Cartier-Bresson. Assim como Sander, ele também acredita na espontaneidade do instante. Mas comparou-se, não a um fazendeiro que vê o capim crescer espontaneamente, mas ao arqueiro zen. A atitude é passiva, uma vez que sua deambulação em busca da imagem não é um rastreamento do espaço, mas o favorecimento de um curto-circuito entre o fotógrafo e sua meta. Este curto-circuito (a configuração "fotografável") surge ao acaso, em meio a uma evolução fortuita da forma do mundo. Não é por outro motivo que Cartier-Bresson achava "intolerável" tentar obter a mesma foto "uma segunda vez".[22] A atitude passiva de ambos reflete sua confiança no devir espontâneo do instante, cabendo ao fotógrafo favorecê-lo.

A esses dois fotógrafos se contrapõem Diane Arbus e Sebastião Salgado, para os quais a atitude na espera é intrinsecamente ativa. Salgado trabalha como aqueles caçadores que espalham armadilhas — de luz — no terreno. A dramaticidade da iluminação e a constituição monumental da cena são valores que a sua espera agrega. Enquanto as esperas de Sander e Bresson confiam, respectivamente, na decantação do instante ou na sua emergência, em Salgado o instante devém de uma espera construtiva. Em tudo seu trabalho se opõe ao de Diane Arbus, que aparentemente acredita que o instante deve ser instigado. Ela açula, incita o instante como um picador numa arena de touros. Se em Salgado a configuração resulta de um processo largo de construção, em Arbus ela é resultado de uma ação demolidora. Foi Walker Evans quem disse que "dar uma câmera a Diane Arbus é como dar uma granada de mão a um bebê".[23]

Ao assumirmos o ponto de vista da espera, começamos a perceber o que seria uma concepção imanente do instante: isto é, uma concepção que procura reconhecer o devir do instante como uma modulação no âmbito da duração. Esta é a terceira característica geral que cabe assinalar. Em Sander o instante decanta, enquanto em Bresson ele emerge. Em Arbus ele é resto de uma demolição, enquanto em Salgado devém por acúmulo, por construção.

A quarta característica são as condições de equilíbrio que as respectivas configurações instantâneas apresentam, pois uma vez que o instante advenha, é preciso que ele se sustente, adquira alguma permanência. Esse equilíbrio, em Sander, se faz por sedimentação do tipológico, por acomodação, estratificação. Salgado também visa a estabilidade, em seu caso garantida pela prefiguração dos elementos: a convergência gradualmente construída entre luz e assunto. Adquirir esse tipo de estabilidade, seja por sedimentação, seja por prefiguração, é o que exige nestes fotógrafos uma espera de latitude larga.

O contrário se passa com Arbus e Bresson. Suas latitudes estreitas visam conformar instantes longe do equilíbrio. Eles são claramente instáveis em Diane Arbus e produzem imagens que se situam, segundo a própria fotógrafa, "entre a ação e o repouso".[24] Já em Cartier-Bresson as configurações não são estáveis nem instáveis. São metaestáveis: passagens descontínuas flagradas no tecido das aparências. Elas resultam de um curto-circuito que permite distinguir uma configuração singular no fluir indiferenciado da perpétua mudança das formas. Permanecer numa configuração metaestável exige astúcia e prudência. Este é o traço dominante dos personagens de Bresson.

Com esses breves comentários acerca do trabalho dos quatro fotógrafos desejei transmitir um pouco da convicção de que, ao tornar-se invisível na imagem fotográfica, o tempo passou a ser a matriz, a fonte, a origem que pulsiona o instante na direção de sua configuração. Esses quatro fotógrafos podem ser considerados representantes de um certo rigor classicista no que diz respeito ao instantâneo fotográfico. Eles demonstram a confiança de que sua arte seria capaz de exprimir, por meio do trabalho da espera, o modo pelo qual o refluir do tempo se revelaria pela expressão de um de seus aspectos. Tais aspectos seriam, respectivamente, em Sander, a essência ou posição (expressa aqui pela tipologia, pela estratificação da sociedade alemã); em Cartier-Bresson, a forma, o fortuito, o ritmo (como forma do movimento); em

Arbus, a qualidade ou a intensidade (que extravasa a forma, subvertendo por dentro quaisquer pretensões hilemórficas); em Salgado, a intenção ou a tendência (que se configura por reificação do "processo").

Fico devendo, no âmbito restrito deste artigo, uma sistematização mais acurada das implicações de cada um desses elementos — o que só seria possível num texto dedicado especificamente a esboçar uma teoria do aspecto fotográfico. Convém passar adiante, assinalando que os aspectos da temporalidade do instante decorrentes dos modos clássicos da espera não esgotaram a pesquisa dos fotógrafos modernos. Para muitos deles, o advento do instante era motivo de inquietação, insatisfação face ao rigor dos vestígios clássicos do tempo do qual ele era portador.

No trabalho documental do fotógrafo inglês Bill Brandt, por exemplo, o instante é sincopado. Sua espera não visa a produção de um instante singular, mas a possibilidade de sua reduplicação, seu desdobramento. Assim, o instante pode advir como antecipação ou pressentimento (em que o futuro penetra o presente). Ou como ressonância, como em "Mineiro fazendo sua refeição" (1937), por exemplo, em que o passado das vestes imundas de trabalho penetra o presente do jantar doméstico diante da esposa. Para Bill Brandt, o que interessa é a duplicação, a bifurcação do instante. Mas a configuração resultante é de certo modo "pré-clássica", uma vez que a duplicação não remete a uma deriva, mas a uma apreensão instantânea de uma circularidade do tempo: a ressonância ou a antecipação assinalam uma repetição cíclica dos acontecimentos. Seu álbum documental *The British*, realizado nos anos 1930, é por assim dizer o *Stonehenge* da fotografia moderna, expressando com ironia inglesa a face "pobre" da rotina britânica.[25]

Já na obra de Robert Frank e de vários de seus seguidores, os instantes se tornaram átonos, refletindo sua busca por configurações não-significantes. Estamos já no limiar da experiência moderna. Frank procurava produzir imagens que não comportassem palavras ou explicações. Que fossem num certo sentido uma alteridade do instante. Por esse motivo, sua espera deveria ser radicalmente diferente, ainda que ele pudesse sustentar publicamente que não havia espera alguma. Mais de uma vez Frank declarou ter a sensação de que a fotografia que deveria realmente ser feita era a que estava às suas costas. De certo modo, ele é o Garrincha da fotografia, a driblar os joão-instantes e a defrontar-se com o vazio à sua frente. Mas para que partir em direção ao gol, se um novo joão se aproxima, clamando por um segundo drible? Para Robert

Frank a espera é um pôr-se fora do instante, deixando-se levar pelo fluxo do tempo. Seu aspecto temporal é o da dissolução.

Num contemporâneo de Frank, William Klein, o questionamento do instante clássico não se faz pelo drible ou pela recusa, mas por uma "escavação" no interior do instante — escavação que permite ao fotógrafo misturar-se com ele, dissolver-se nele. Enquanto Frank buscava diluir-se no fluxo do tempo fora do instante, Klein perseguia sua dissolução no interior do próprio instante, mergulhando nele como quem entra num transe.

Esse mesmo aspecto do ausentar-se do tempo — o transe — vamos reencontrar na exposição recente do fotógrafo brasileiro Arthur Omar, que define sua obra "Antropologia da face gloriosa" como um ensaio sobre o êxtase, ou, ainda, em êxtase. Uma frase de Omar poderia ser inteiramente subscrita por Klein: "O fluxo das coisas não pára, o mundo não faz pose, o olho não tem moldura."[26] Em Klein, o mergulho no instante havia transposto a câmera e alcançado o ampliador, no qual o transe se prolongava em imagens borradas, desfocadas, sangrando o papel (e que seriam publicadas nas páginas duplas de *New York 1954-55*). Com Arthur Omar, o transe, conforme demonstra o catálogo da exposição, toma conta de todo o laboratório, onde o fotógrafo pode ser visto submerso em suas próprias imagens.

No transe — ou no êxtase — o instante apresenta o mais atemporal de seus aspectos, uma vez que ele tenta absorver a própria infinitude da duração em seu interior. Assim como em Frank, trata-se também de suprimir a espera. Mas, ao contrário deste, para quem não deve haver mais instante, em Klein — e com mais vigor em Omar — há apenas o instante que se prolonga infinitamente na sua fugacidade, pois ele está baseado na possibilidade de uma "conexão entre indivíduos que vibram em fase".[27] E no entanto a espera ainda se faz presente como o lugar no qual é possível "entrar em fase".

A releitura deleuziana das teses de Bergson sobre o movimento e o tempo foi capaz de resgatar a temporalidade do plano cinematográfico, mas a fotografia como tal permaneceu refém da noção de instantâneo artificial, abatendo-se sobre o tempo e a duração fotogramaticamente.[28] Ao observar o conjunto das obras dos fotógrafos modernos — e ao dar ouvidos ao que se diz sobre elas —, a despeito de sua enorme diversidade, pode-se perceber uma profunda unidade invisível, uma experiência do instantâneo que fez da espera a duração própria do ato fotográfico.

A espera foi o cinzel dos fotógrafos, o instrumento pelo qual tornaram o refluir do tempo para um fora-da-imagem a matéria-prima de seu trabalho, um modo peculiar de escultura — apropriando-me da bela idéia de Andrei

Tarkovski —[29] que se consuma, não pela seleção sistemática de "blocos de tempo", mas pelo golpe preciso do lapidador. Esculpido pelo cinzel da espera, o bloco temporal se abre, revelando a face íntima e singular dos múltiplos aspectos que abriga em seu seio. Este ausentar-se do tempo — confluência da técnica e da arte de fotografar —, à medida que insiste em *se tornar presente* na fotografia, é a sua mais rica e profunda origem.

Notas

1. Walter Benjamin, *Origem do drama barroco alemão*, São Paulo, Brasiliense, 1984, p.69.

2. Uma versão preliminar dos argumentos aqui apresentados pode ser lida em meu artigo "O inconsciente ótico e a fotografia do invisível", in Solange Jobim e Souza, *Mosaico (Imagens do conhecimento)*, Rio de Janeiro, Marca D'Água, 2000.

3. Para simplificar esta explanação, deixo de lado toda uma miríade de estudos "pós-modernos" para os quais a fotografia não tem qualquer estabilidade como objeto — e, portanto, qualquer origem.

4. Trata-se de fato de uma exposição no MoMa, em 1981, coordenada por Galassi e intitulada Before Photography: Painting and the Invention of Photography.

5. Jacques Aumont, "The variable eye, or the mobilization of the gaze", in Andrew Dudley (org.), *The image in dispute (Art and cinema in the age of photography)*, Austin, University of Texas Press, 1997, p.231-2.

6. Geoffrey Bachten, *Burning with desire (The conception of photography)*, Cambridge, MIT Press, 1997, p.36.

7. Ibid., p.181-4.

8. Pedro Miguel Frade, *Figuras do espanto (A fotografia antes de sua cultura)*, Porto, Edições Asa, 1992, p.88.

9. Ibid., p.104, grifos do autor.

10. Uma descrição mais detalhada do que exponho nos parágrafos seguintes pode ser encontrada em Mauricio Lissovsky, "O refúgio do tempo no tempo do instantâneo", *Lugar Comum*, n.9, maio-agosto, 1999, p.89-109.

11. Henri Bergson, *A evolução criadora*, Rio de Janeiro, Zahar, 1969, p.239.

12. Ibid., p.273.

13. Ao longo dos dois volumes de Deleuze acerca do cinema esse argumento aparece de diversas maneiras. Eis alguns exemplos, colhidos quase ao acaso: "Mesmo através de sua crítica ao cinema, Bergson estaria no mesmo plano que ele, e muito mais ainda do que imagina." "O cinema reencontrará exatamente a imagem-movimento do primeiro capítulo de *Matière et mémoire*, ... que pressentia de modo profético o futuro ou a essência do cinema." Giles Deleuze, *Cinema 1 (A imagem-movimento)*, São Paulo, Brasiliense, 1985, p.78 e p.12, respectivamente.

14. Gaston Bachelard, *A dialética da duração*, São Paulo, Ática, 1988, p.16.

15. Para Bachelard, a teoria da relatividade tornou o instante o único absoluto, enquanto a duração seria relativa aos observadores. Gaston Bachelard, *L'intuition de l'instant*, Paris, Editions Gonthier, s.d., p.29-31.

16. Ibid., p.21-2.

17. Ibid., p.33.

18. Ibid., p.46.

19. Henri Bergson, "O pensamento e o movente", in __, *Cartas, conferências e outros escritos*, São Paulo, Abril Cultural, (Coleção Os Pensadores), 1979, p.102.

20. Sobre a noção de aspecto, ver Mauricio Lissovsky, "O refúgio do tempo no tempo do instantâneo".

21. Ver nota 10.

22. Entrevista de Cartier-Bresson nos Encontros Internacionais de Fotografia em Arles, (mimeo.) 1979.

23. Citado em Patrícia Bosworth, *Diane Arbus (A biography)*. Nova York, WW. Norton & Company, 1995, p.227.

24. Diane Arbus, *Diane Arbus (An aperture monograph)*. Nova York, Aperture Foundation, 1973, p.9.

25. Um exemplo curioso de apreensão de uma bifurcação do tempo no âmbito do instante, não como ciclo, mas como deriva, é o ensaio "Fugas e escapes", do fotógrafo brasileiro Pedro Vasquez.

26. Arthur Omar, *O zen e a arte gloriosa da fotografia*, catálogo da exposição Antropologia da Face Gloriosa, Rio de Janeiro, CCBB, 1999, p.37.

27. Ibid., p.10.

28. Ao comentar seu próprio trabalho, Arthur Omar também demonstra sua insatisfação com a assimilação do instantâneo fotográfico ao fotograma do cinema: "A idéia corrente é que o cinema veio depois da fotografia, uma adição do movimento à imagem estática. A fotografia seria uma coisa parada, o cinema, uma fotografia que mexe. No entanto, para mim, se fosse possível estabelecer uma história baseada, não na sucessão cronológica, mas numa espécie de hierarquia 'metafísica' entre os campos, e portanto mais real, eu diria que a fotografia foi inventada depois do cinema." Ibid., p.37.

29. Andrei Tarkovski, *Esculpir o tempo*, São Paulo, Martins Fonte, 1990.

Tempo e história

• *Helio Jaguaribe* •

Tempo humano e tempo cósmico

O que é o tempo? Santo Agostinho já observara que sabia o que era o tempo, mas, se perguntado, não se sentia capaz de explicá-lo. A dificuldade em explicar o que é o tempo decorre do fato de que todas as explicações possíveis são necessariamente circulares, ou seja, implicam defini-lo mediante referências ao próprio tempo. Da mesma forma as definições de espaço estão sujeitas ao constrangimento da circularidade. A razão disso se encontra no fato de que espaço e tempo são dimensões primárias irredutíveis. Tempo é a irreversível sucessão de momentos, mas momentos são unidades de tempo.

Para Platão o tempo era "a imagem móvel da eternidade".[1] Aristóteles entendia que o tempo "é o número do movimento com relação ao antes e ao depois".[2] Plotino via no tempo "a vida da alma em movimento, conforme passe de um estado ou ato da experiência para outro". Agostinho, embora alegasse as dificuldades que experimentava em definir o tempo, considerava-o como "presença de coisas passadas, como memória, presença de coisas presentes, como visão, e presença de coisas futuras, como expectativa".[3]

Nos diversos intentos de definir o tempo observa-se uma dupla polaridade. A primeira se refere à distinção entre tempo como objeto da vivência humana e como objeto da ciência física. Uma segunda polaridade diz respeito, em cada uma das precedentes modalidades de referência ao tempo, a outro grupo de alternativas. O tempo como vivência humana é entendido por alguns — como Plotino e santo Agostinho — como um processo subjetivo, um estado de espírito. Para outros — como Aristóteles —, como um fluxo objetivo a que o homem está sujeito, ou porque, à semelhança de um rio, o tempo por ele flua, ou porque, à semelhança de um barco, o homem por ele navegue.

O tempo da ciência física é entendido igualmente de dois modos distintos. Para Newton e para as concepções euclidianas do Universo, o tempo é um processo de irreversíveis sucessividades. Há um tempo absoluto que transcorre irrevogável por instantaneidades que se sucedem. Para a física não-euclidiana da teoria da relatividade, é necessário abandonar noções que independem estruturalmente de simultaneidade e duração. Para cada par de eventos A e B relacionados no espaço há um quadro inercial no qual esses eventos são simultâneos; mas há também outro quadro, no qual o evento A é prévio a B; e ainda outro, em que o evento B é prévio a A. Aquela teoria postula que a simultaneidade é relativa a um quadro de eixos. Se um quadro se move com relação a outro, eventos que são simultâneos relativamente ao primeiro não o são relativamente ao segundo, e vice-versa.[4]

O tempo, como vivência humana, se apresenta como o contínuo e irreversível fluxo de sucessivos instantes. Esse fluxo marca o ritmo biológico do homem (uma batida do coração depois de outra, tantas batidas por minuto) e o ritmo de seus estados de consciência, a sucessividade de vivências.

Ante esse fluxo, o *presente* surge sob dois distintos aspectos. Um deles se refere ao presente como a imediata experiência do estar vivendo. Nesse sentido o tempo é a duração do homem no mundo. Sob outro aspecto, o presente, como conceito, se refere ao processo de contínua conversão, pelo homem, do futuro imediato em passado imediato. Tudo ocorre como se, no âmbito da duração, o homem contínua e irreversivelmente transitasse de um imediato agora para outro agora imediatamente seguinte.

História do tempo

Civilizações cosmológicas

O tempo tem sido entendido, no curso da história, sob forma circular ou linear. As civilizações cosmológicas e a helênica tiveram uma concepção circular do tempo, que seria retomada por Nietzsche, com sua teoria de eterno retorno. Diversamente, as civilizações escatológicas, como a persa, a judaica, e a cristã, tiveram uma concepção linear, sendo o tempo entendido como algo que teve um começo absoluto com a criação do mundo e terá um fim absoluto, com o seu fim.[5]

As civilizações cosmológicas, como a babilônica e a egípcia, entendiam que tudo o que existe faz parte do cosmo e é regulado por uma eterna circularidade, como ocorre com a órbita dos astros.

Para os babilônicos, o cosmo, de que os homens eram parte integrante, era visto como um sistema regulado pelos deuses, que constituíam uma assembléia de seres imortais, concebidos de modo antropomórfico, dotados de excepcionais poderes e dirigidos por uma trindade. Esta compreendia o presidente dos deuses, Anu, deus do céu, Entil, deus do ar e efetivo gerente do Universo, e Enki, deus das águas, dotado de suprema inteligência e amigo do gênero humano.

O ano babilônico era lunar, com doze meses. Um décimo-terceiro mês era periodicamente inserido para compensar a defasagem solar. A partir do século V a.C., sete meses eram inseridos em cada ciclo de dezenove anos solares, considerando-se que tal período correspondia, basicamente, a 235 meses lunares. Os sete dias lunares terminavam num dia maligno. Assim, a semana de sete dias provém da Babilônia.

Dela também provém a concepção do Zodíaco, a faixa celeste em que se situam a Lua, o Sol e os planetas. No século V a.C. formularam-se os doze signos zodiacais de trinta dias cada. Data dessa época, em função do Zodíaco, a invenção da astrologia.

O rei representava os deuses na terra e, como tal, cabia-lhe assegurar a prevalência da ordem cósmica sobre o caos. O principal rito propiciatório era o festival do Ano Novo, pelo qual se assegurava a continuidade da ordem cósmica, reproduzindo a vitória originadora do mundo de Marduk sobre Tiamat, o caos.

A concepção circular do tempo adquiriu no Egito um aspecto particular, que é o do concomitante entendimento do mundo como imutável. O mundo foi criado de uma vez só, de forma permanente, incluído o Egito, ostentando desde a criação o mesmo aspecto imutável. As mudanças eram entendidas como simples e irrelevantes aparências, ou como cíclicas, com o eterno retorno do mesmo.

O ano egípcio continha doze meses de trinta dias cada, com cinco dias adicionais no fim do ano, perfazendo 365 dias. O calendário egípcio se baseava na observação das cheias do Nilo, que ocorrem quando a última estrela visível antes da aurora for Sírius. Estima-se, por cálculos astronômicos regressivos, que esse calendário foi adotado em 2773 a.C., no tempo do ministro Inhope e do rei Djoser, na Terceira Dinastia.

O ano civil era dividido em três estações de quatro meses, correspondendo, respectivamente, aos tempos de inundação, de semeadura e de colheita. O calendário egípcio era lunar. Os egípcios descobriram que 309 meses lunares são quase equivalentes a vinte e cinco anos civis, ou seja, um mês solar era igual a 1,03 mês lunar.

O dia egípcio continha duas partes, cada uma com doze horas solares, mas horas de desigual duração, porque uma parte era diurna, e a outra, noturna. As horas eram medidas por quadrantes solares, que só são precisos no equinócio. Para outro tipo de controle do tempo os egípcios inventaram a clepsidra, um corpo com dois cones invertidos, unidos pelas pontas, com um pequeno orifício que mede o tempo pelo escoamento de água ou de uma areia fina do cone superior ao inferior, permitindo a subseqüente inversão dos cones.

Grécia

A concepção circular do tempo adquiriu na Grécia um sentido racional completamente diferente do cosmológico. Tanto Platão como Aristóteles concebiam o tempo como coexistente com o mundo, e este, sujeito a um processo cíclico. Para Platão, o mundo foi criado por um artífice divino, o Demiurgo, que procurou moldar a matéria em função de um modelo absoluto, a eterna idéia de mundo, e criou o tempo em função da idéia de eternidade. O tempo era, assim, a imagem móvel da eternidade, em cujo âmbito se movia o mundo. Este e o tempo seguiriam uma trajetória cíclica, marcada por um período positivo, regulado pelos deuses, e um período de declínio, quando era guiado por suas próprias forças. Isso conduziria, em cada ciclo, a uma intervenção recuperadora dos deuses, restaurando nova fase positiva.

Para Aristóteles o mundo era finito, embora eterno. O tempo era a medida de seu movimento. Como cada um dos astros, o mundo, em seu conjunto, seguia uma eterna trajetória cíclica que não teve início nem terá fim.

Concepção linear do tempo

A concepção linear do tempo, com exceção do evolucionismo de Epicuro e Lucrécio, foi introduzida pelas religiões escatológicas.[6] O mundo criado por Deus, e com ele o tempo, seguiria um curso que iria terminar com o fim do mundo e do tempo. Essa concepção linear é comum à Pérsia masdeísta, aos hebreus, ao cristianismo e, por influência destes dois últimos, ao islamismo, com sua própria versão de Juízo Final.

Segundo Zaratustra Ahura Mazda, o Sábio Senhor criador do céu, da terra e dos homens, produziu igualmente, na origem dos tempos, dois espíritos gêmeos, Spenta Mainyu e Angra Mainyu, mais tarde identificados como Ohrmazd e Ahriman, que optaram, respectivamente, pelo bem e pelo mal. Ahura Mazda, omnisciente, sabia antecipadamente que esses espíritos se tornariam gênios do bem e do mal, mas deliberadamente assim os criou para proporcionar aos homens a livre opção entre os dois princípios. A luta entre eles caracterizaria todo o curso da história, mas terminaria, na consumação dos tempos, com a vitória do bem.

A mesma linearidade caracteriza as concepções judaica e cristã do mundo e do tempo. Deus criou o homem como ser de liberdade. Optando pelo pecado, o homem perdeu sua inocência original. Na concepção cristã, uma segunda oportunidade de salvação foi dada aos homens com a encarnação do Cristo. Aqueles que o seguissem estavam salvos. O mundo e o tempo terminariam, no fim da história, com a consumação do mundo e o julgamento final, com a ressurreição dos mortos, a eterna salvação dos bons e a danação dos maus.

A concepção linear da história e do tempo persistirá até nossos dias, passando, de uma versão profundamente religiosa, da Idade Média ao século XVII, para uma visão crescentemente profana, a partir do século XVIII. O evolucionismo darwiniano e, de um modo geral, o cientificismo do século XIX, inclusive em sua versão marxista, imprimirão um sentido puramente imanentista à concepção linear da história.

Um novo entendimento circular do tempo, entretanto, surgiu de início com Nietzsche e sua concepção da morte de Deus e do eterno retorno. Contemporaneamente, as teorias cosmológicas de George Gamov e W.R. Bonnor sustentam a tese de um infinito processo circular de explosão (o Big Bang), expansão (*inflation*), reconcentração (*big crunsh*) e nova explosão do cosmo.[7]

O tempo da história

História como processo e como disciplina

A palavra "história", em todos os idiomas ocidentais, tem dupla significação. Uma diz respeito ao processo histórico, *res gesta*. Outra, à disciplina que estuda esse processo, *historia rerum gestorum*. A história como processo começou com a emergência da cultura, quando o homem se tornou capaz de transmitir modos de comportamento não herdados biologicamente. O processo histórico, todavia, só se tornou objeto da história como disciplina à medida que transmitiu informações de sua ocorrência a um historiador.

Tive a oportunidade, em estudo recentemente concluído,[8] de discutir mais amplamente esses dois sentidos da palavra "história". A história como disciplina, depois de um longo percurso, desde as cronologias mesopotâmicas e egípcias à historiografia greco-romana, passou por diversas etapas na cultura ocidental, culminando, no presente, com o entendimento de que é o historiador, pelo emprego de apropriada metodologia, que reinterpreta o passado em função das indicações que dele recolhe. Descobrir e identificar essas indicações, selecionar as que lhe pareçam fidedignas e interpretá-las, esta é a tarefa do historiador.

O que é esse passado que o historiador busca interpretar? Ele é a *res gesta*. É o que, em função de determinados critérios de relevância, se supõe ter ocorrido em lugar e momento determinados. Nem tudo o que se supõe que tenha ocorrido interessa ao historiador. Os processos biológicos do homem não são usualmente relevantes. A importância de certas pessoas, entretanto, empresta relevância a seu nascimento ou a sua morte. As práticas cotidianas, isoladamente, não são relevantes. Mas o tipo de cotidianidade de um certo povo ou de uma certa época, senão de uma certa personalidade, pode se tornar relevante objeto da pesquisa histórica.

Fundamental assim para a pesquisa é a determinação do que se considera relevante num determinado passado. Até as primeiras décadas do século XX, o entendimento da relevância para fins históricos restringia-se basicamente a eventos entendidos como importantes o bastante para influenciar o subseqüente curso da história. Esse sentido de relevância foi, até meados do século XIX, sobretudo concebido em termos políticos. Aspectos econômicos e culturais do passado adquiriram aos poucos o reconhecimento de sua relevância, como na historiografia de Burckhardt (1818-1897), para a cultura, e, para a economia, no caso paradigmático de Marx (1818-1883).

Com a escola dos *Annales*, iniciada por Marc Bloch (1886-1944) e Lucien Febvre (1878-1956), o critério de relevância histórica ampliou-se para tudo e todos os fatos, por mais aparentemente insignificantes que fossem, desde que, a critério do pesquisador, a eles se atribuísse influência sobre o evento que o historiador se propunha a estudar.

A ampliação do critério de relevância histórica para ocorrências e fatos os mais diversos, por menos significativos que pareçam ser, tendo em vista os efeitos que lhes possam ser justificadamente atribuídos, não representa que tudo o que ocorra seja historicamente relevante. Significa apenas que o historicamente relevante pode decorrer de fatos e circunstâncias os mais diversos, ainda que aparentemente insignificantes. O ofício de historiador se tornou mais exigente. O que torna algo historicamente relevante, entretanto — embora seja independente da aparente relevância dos fatores que conduziram a sua ocorrência —, não é arbitrário, mas depende da medida em que o evento em questão possa ser validamente entendido como tendo apreciavelmente influído o subseqüente curso da história.

A aceleração da história

Um dos mais interessantes fenômenos do processo histórico é sua aceleração. Ela se faz sentir, desde logo, com relação às macroetapas do processo. O paleolítico durou mais de um milhão de anos, para apenas cerca de dez mil para o neolítico e cinco mil anos para o curso das civilizações.

Essa aceleração continua a se fazer sentir na história das civilizações. A cultura mesopotâmica, das cidades sumérias, que surgem em torno de 3200 a.C., à queda de Babilônia sob o domínio de Alexandre, em 332 a.C., perdurou por 2.868 anos. O Egito, desde o Antigo Reino, iniciando-se em cerca de 2615 a.C., à conquista de Alexandre durou 2.283 anos. Contrastando com essas outras, a civilização grega, de Homero à conquista romana da Grécia, durou apenas cerca de seis séculos. Comparando-se o tempo da civilização egípcia com o tempo do mundo contemporâneo, pode-se estimar, grosso modo, que um século egípcio corresponde a um ano atual.

A aceleração da história é determinada basicamente pelo progresso científico-tecnológico. A humanidade levou um milhão de anos para passar da condição de catadora de alimentos proporcionados pela natureza a produtora de alimentos, pela agricultura e a pecuária. Levou dez mil anos para substituir a aldeia neolítica pela civilização urbana. Levou cerca de dois mil e quatrocentos anos para superar a visão mágica do mundo da Mesopotâmia e do Egito pela visão racional dos gregos.

Até o século XIX, a locomoção dos homens dependeu, em terra, do cavalo e, no mar, do vento. A partir da revolução industrial, o progresso científico-tecnológico se desenvolveu com crescente aceleração. As aplicações técnicas das inovações cientificas requereram vários anos, até princípios do século XX. Atualmente, a velocidade com que descobertas científicas se convertem em processos tecnológicos é de tal ordem que as empresas de alta tecnologia passaram a realizar pesquisas científicas em seus próprios laboratórios, para cercar de sigilo seus descobrimentos e prontamente patentear as decorrentes aplicações técnicas.

Essa extraordinária aceleração da história acarreta duas diferentes conseqüências. A primeira é que, numa fase inicial, a aceleração da história significa a intensificação do tempo dos fatos relevantes. A rapidez na circulação de notícias, na movimentação de pessoas e na produção de eventos acelera de modo correspondente as ocorrências historicamente relevantes. A partir, entretanto, de uma certa taxa — no sentido anteriormente mencionado —, os eventos assim produzidos se tornam cada vez menos relevantes.

Como foi observado por Heidegger e outros, a crescente aceleração do progresso tecnológico conduziu a uma profunda modificação de seu significado.[9] O progresso tecnológico surge como utilização de descobrimentos científicos para melhorar a condição do homem no mundo: a estrada-de-ferro substitui vantajosamente o cavalo, o telégrafo substitui as precárias transmissões por semáforos, a medicina livra o homem de uma infinidade de moléstias e prolonga substancialmente a duração e a qualidade da vida humana. A partir de certo momento, entretanto, embora subsistam algumas inovações relevantes, como ainda continua ocorrendo em nossos dias, as inovações tecnológicas se tornam cada vez mais cosméticas, como no caso dos novos modelos de automóveis. As mudanças se fazem para que as coisas continuem as mesmas.

O colapso do futuro

A aceleração da história, induzida pela aceleração do progresso tecnológico, leva inicialmente a uma progressiva tecnologização da vida. A relação homem-natureza se converte predominantemente numa relação homem-tecnologia. A contínua aceleração desse processo, entretanto, conduz a um progressivo esvaziamento da história. As coisas mudam para permanecer como são. Isto decorre do fato de que o fenômeno da relevância não é arbitrário e, por isso, não pode ser arbitrariamente produzido. Relevante é o que afeta de modo significativo, de forma positiva ou negativa, a condição humana em geral e a vida do homem em particular. A possibilidade de algo afetar significativamente a condição e a vida do homem se inscreve dentro dos limites psicofísicos da natureza humana.

Importa, para o homem, determinar com satisfatória precisão o curso do tempo. O relógio mecânico substituiu vantajosamente o quadrante solar e a clepsidra. O moderno relógio de precisão permite, para situações em que os minutos são importantes, determinar a passagem do tempo com precisão de um segundo. É inútil para a vida corrente aumentar ainda mais a precisão dos relógios, indicando frações de segundo. O mesmo cabe dizer de todas as tecnologias espaço-temporais. É importante dispor de automóveis rápidos, mas é inútil dotar os carros de passeio de extraordinárias velocidades, porque as exigências do tráfego impõem restrições nas ruas e nas estradas.

Dadas as condições tecnológicas atualmente disponíveis, é decrescente, para o homem contemporâneo, a utilidade marginal de quase todas as inovações técnicas. As sociedades desenvolvidas de nossos dias têm cada vez menos a ganhar com inovações meramente espaço-temporais. O que as sociedades necessitam cada vez mais é de inovações sociais e filosóficas que terminem com as abissais desigualdades existentes entre nações afluentes e nações miseráveis e, em todas as partes do mundo, entre setores privilegiados e carentes. O que o homem contemporâneo cada vez mais necessita é recuperar o sentido de sua vida, salvá-la de naufrágio num intransitivo consumismo tecnológico em que o homem perde substância pessoal para se tornar mera função e, assim, ser substituível por outra função equivalente. Das mais altas às mais modestas funções, o homem-função se torna um homem descartável.

No curso que está seguindo, a continuar a aceleração da história e de um progresso que consiste em contínuas mudanças para que as coisas permaneçam as mesmas, o mundo contemporâneo se defronta com o esvaziamento de seu presente e com a perspectiva do colapso de seu futuro. A irrelevância de hoje, como futuro de ontem, prenuncia a irrelevância dos futuros amanhãs.

A história humana, como aventura de uma tardia espécie na evolução da vida, terminará antes da extinção de espécies mais resilientes, como a dos insetos e das bactérias. Último animal a aparecer na terra, o homem será um dos primeiros a se extinguir, muito antes da extinção cósmica do planeta. A história, entretanto, como *res gesta*, tenderá a terminar muito antes da extinção zoológica do homem se — e quando, como tudo parece indicar — o naufrágio do homem descartável na intransitividade tecnológica conduzir ao colapso do futuro. A história continuará, enquanto a espécie humana subsistir, como seqüência de gerações e gestos humanos. A história como *res gesta* terminará se e quando tudo se converter no irrelevante processo do homem descartável. Isso é o que significa o colapso do futuro.[10]

Notas

1. Platão, *Timée ou de la nature*, in *Oeuvres complètes*, Paris, Bibiothèque de la Pléiade, 1950, p.431-524.
2. Aristóteles, *The Basic Works of Aristote*, Nova York/Londres, House, 1968.
3. Santo Agostinho, *Confesiones*, Madri, Alianza Editorial, 1990.
4. G. Sambursky, *The Physical World of the Greeks*, Londres, Routledge & Kegan 1987 [1956].
5. G.J. Whitrow, *O tempo da história*, Rio de Janeiro, Jorge Zahar, 1993.
6. Lucrécio, *De la nature humaine (De rerum natura)*, Paris, Flammarion, 1993 [1988].
7. John Leslie (org.), *Physical Cosmology and Philosophy*, Nova York, MacMillan, 1990.
8. Helio Jaguaribe, *Um estudo crítico da história*, v.1, Rio de Janeiro, Paz e Terra, 2001.
9. Martin Heiddeger, *The Question Concerning Technology and other Essays*, Nova York, Harper & Rew, 1977 [1969].
10. Jocelyn Benoist e Fabio Merlini (orgs.), *Après la fin de l'histoire*, Paris, Vrin, 1998.

Sobre os autores

Marcio Doctors Crítico de arte, curador da Fundação Eva Klabin Rapaport e do Espaço de Instalações Permanentes do Museu do Açude. Mestre em estética pela UFRJ, tem artigos publicados nas principais revistas de arte do Brasil. Organizou inúmeras exposições, entre elas *Teoria de valores* (MAM-SP, 1997, Casa França Brasil-RJ, 1998); *Tempo, matéria e permanência: O Egito na coleção Eva Klabin Rapaport* (MASP-SP, 2001, Casa França-Brasil-RJ, 2002). Recentemente foi eleito para o Conselho Internacional do DEMHIST, órgão ligado à Unesco.

Marcio Tavares d'Amaral Mestre em comunicação e doutor em letras pela Universidade Federal do Rio de Janeiro (UFRJ), com pós-doutorado em filosofia e ciências sociais na Universidade de Paris (Sorbonne). É professor emérito da UFRJ e dirige o Programa Transdisciplinar de Estudos Avançados (IDEA). Publicou, entre outros, *Antevéspera do Anjo* (poesia, Massao Ono, 1995), *O dia do AI-5* (romance, Rocco, 1995) e *O homem sem fundamentos* (UFRJ/Tempo Brasileiro, 1996).

Luiz Alberto Oliveira Físico, doutor em cosmologia pelo Centro Brasileiro de Pesquisas Físicas (CBPF/MCT), onde atua como pesquisador do Grupo de Cosmologia e Gravitação e professor de epistemologia, história e filosofia da ciência. Pesquisador associado do Programa Transdisciplinar de Estudos Avançados (IDEA) e do Núcleo de Pesquisas em Ciberculturas (CiberIdea) da Escola de Comunicação da UFRJ, é autor de diversos artigos sobre filosofia e ciência.

Paulo Vaz Doutor em comunicação pela Universidade Federal do Rio de Janeiro (UFRJ) e professor adjunto da Escola de Comunicação na mesma universidade. Publicou *Um pensamento infame* (Imago, 1992), *O inconsciente artificial* (Unimarco, 1997) e organizou *Vozes no Milênio, para pensar a globalização* (Gryphus, 2002, com Anelise Pacheco) e *O trabalho da multidão* (Gryphus, 2002, com Anelise Pacheco e Giuseppe Cocco).

Gerd Bornheim Professor de filosofia da Universidade Federal do Rio de Janeiro (UFRJ). Publicou, entre outros livros, *O sentido e a máscara* (Perspectiva, 1992), *Filó-*

sofos pré-socráticos (Cultrix, 1994), *Sartre* (Perspectiva, 2000), *Metafísica da finitude* (Perspectiva 2001) e *Cultura brasileira, tradição e contradição* (Jorge Zahar, 1997), além de diversos ensaios.

Henrique Antoun Doutor em comunicação pela Universidade Federal do Rio de Janeiro (UFRJ), professor da Escola de Comunicação da mesma universidade e pesquisador do Núcleo de Pesquisas em Ciberculturas (CiberIdeia). Publicou, "Jornalismo e ativismo na hipermídia: em que se pode reconhecer a nova mídia" (*Famecos*, 2001), "Comunidades virtuais, ativismo e o combate pela informação" (*Lugar Comum*, 2002), "A multidão e o futuro da democracia na cibercultura" (*XI Compós*, 2003), entre outros.

James Bastos Arêas Doutor em filosofia pela Pontifícia Universidade Católica do Rio de Janeiro (PUC-Rio) e professor de filosofia da Universidade do Estado do Rio de Janeiro (Uerj). Tem realizado pesquisas sobre metafísica e imagens do pensamento.

Mauricio Lissovsky Historiador e doutor em comunicação pela Universidade Federal do Rio de Janeiro (UFRJ). Professor de roteiro e cinegrafia da Escola de Comunicação da mesma universidade, é autor de livros e ensaios sobre história e teoria da fotografia, entre outros temas relacionados à história da técnica. Como roteirista, tem colaborado em documentários e obras de ficção, tanto para o cinema como para a televisão.

Helio Jaguaribe Bacharel em direito pela Pontifícia Universidade Católica do Rio de Janeiro (PUC-Rio) e PhD pelas Universidades de Mainz, RFA e de Buenos Aires. Foi professor visitante das Universidades de Harvard, Stanford, e do MIT. Atualmente decano do Instituto de Estudos Políticos e Sociais, do Rio de Janeiro, é autor de ampla obra publicada em diversas línguas, destacando-se, entre seus últimos livros, *Brasil, homem e mundo* (Topbooks, 2000), *Um estudo crítico da história* (Paz e Terra, 2001) e *Brasil, alternativas e saída* (Paz e Terra, 2002).

Este livro foi composto por TopTextos Edições Gráficas,
em Minion e Stone Sans, e impresso por
Cromosete Gráfica e Editora em julho de 2003.